LA FILLE DE NAPOLÉON

Ouvrage publié sous la direction de Jean-Baptiste Bourrat

Image de couverture : *Le Chapeau blanc*,
par Jean-Baptiste Greuze, Museum of Fine Arts, Boston

Éditions Les Arènes
17-19, rue Visconti, 75006 Paris
Tél. 01 42 17 47 80
arenes@arenes.fr
www.arenes.fr

BRUNO FULIGNI

LA FILLE DE NAPOLÉON

LES ARÈNES

En France, on n'admire que l'impossible.

NAPOLÉON Ier

Principales localités liées à la vie de Charlotte Chappuis *(frontières de 1815)*

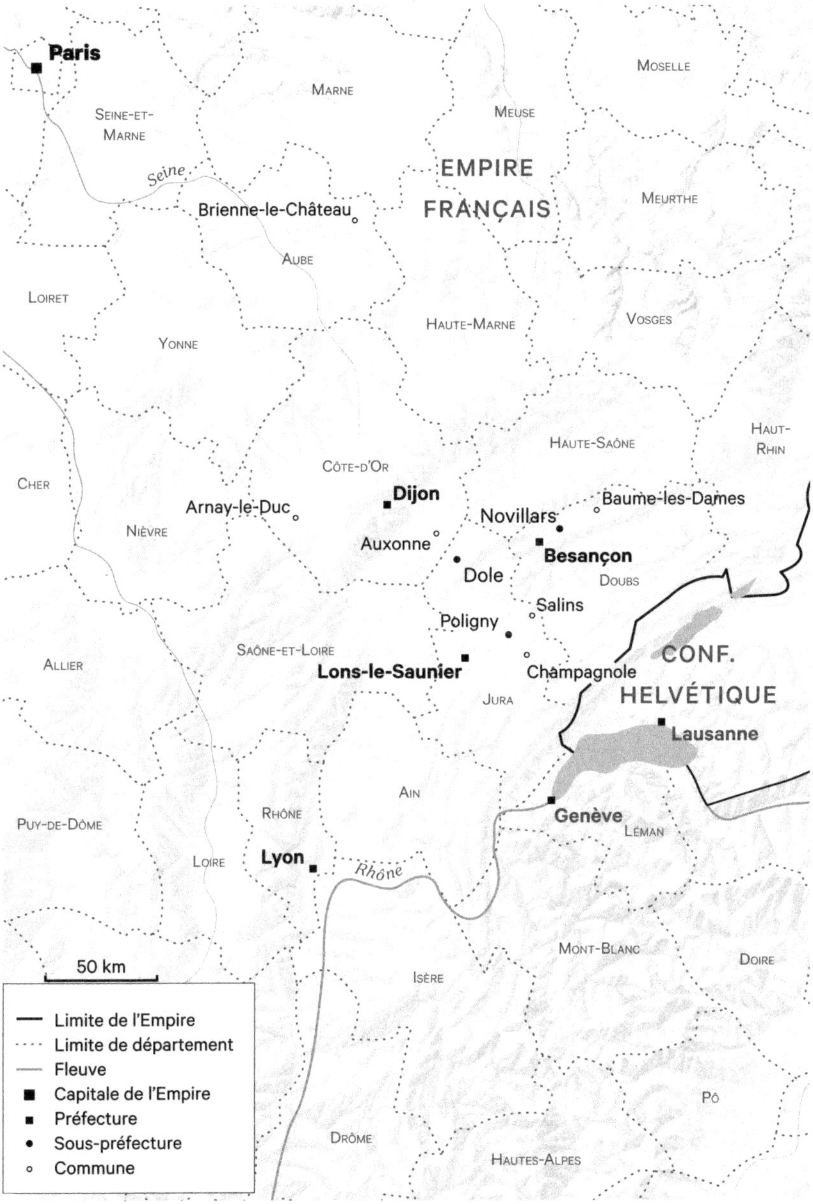

Avertissement

Cette histoire n'est pas un roman. Charlotte Chappuis a bel et bien existé. Trouvé dans un grenier, le dossier d'archives dont est issu ce récit a été acquis auprès d'un marchand de manuscrits anciens. Les lettres et rapports cités entre guillemets sont authentiques : j'en donne la transcription exacte, seules la ponctuation et l'orthographe ont été modernisées. Les mots manquants sont indiqués entre crochets, ainsi que les coupes. Seuls les détails de l'affaire ont été présumés, dans les limites de la vraisemblance et du contexte. Je tiens les documents originaux à la disposition des chercheurs.

L'auteur

1

Apparition

UNE OMBRE, À L'EST, GLISSAIT DANS LES TAILLIS. GERT EN ÉTAIT sûr et plissait les yeux, sans y voir davantage à travers la nuit profonde. Un bruissement de feuillages, alors, confirma la présence d'un être vivant aux abords du camp, et la sentinelle, aux aguets, sentit par toutes ses fibres monter la fièvre du chasseur.

Gert, natif du Tyrol où il avait grandi, était familier des battues en forêt. Des côtelettes au bout du fusil ne seraient pas pour lui déplaire, et les copains, s'il rapportait un cuissot à griller au feu de bois, applaudiraient, bien sûr.

Certes, en juillet, il n'était pas censé chasser, mais les règles ordinaires de la vie sociale n'étaient-elles pas suspendues en période de guerre et en pays conquis ? Une armée en campagne a tous les droits et l'Autrichien, dressant l'oreille, tâchait donc de localiser sa proie.

Biche, chevreuil ? Le pas était léger, furtif, mais son rythme irrégulier trahissait une intelligence dans l'approche que ces gibiers n'avaient pas. Une angoisse saisit tout à coup le soldat, une angoisse si oppressante qu'il ne trouva pas le souffle d'appeler à l'aide ses camarades du camp, tout occupés à boire et à chanter.

Un espion ? Un franc-tireur ? Ces maudits Français avaient toutes les audaces. Bien sûr, on pillait leurs fermes, on brûlait leurs maisons, on violait tant qu'on pouvait, mais ne l'avaient-ils pas cherché quand même ? Et depuis vingt-cinq ans qu'ils avaient tourneboulé le monde avec leur satanée Révolution, leurs troupes ne s'étaient-elles pas répandues à travers l'Europe, débordant le Rhin, franchissant les Alpes ? Lui, Gert, serait bien resté tranquille au Tyrol, s'il n'y avait eu ces années de guerre avec les Français : leur République d'abord, qui coupait la tête aux aristos, puis leur Empire, qui créait une noblesse nouvelle. Des milliers d'hommes en armes, commandés par des fous empanachés, couverts de broderies d'or et de décorations scintillantes, que le petit Corse créait ducs et princes comme on nomme un capitaine ! Quelle démence ! Ce n'était pas dans l'armée autrichienne qu'on aurait vu cela et Gert, brave soldat, trois fois blessé, savait bien qu'il n'aurait quant à lui d'autres titres qu'une maigre pension, ni d'autres droits que de saluer les nobles de vieille souche qui assuraient son commandement, comme le général-baron de Steininger, son chef.

Cet ordre des choses, Gert s'en contentait modestement. S'il échappait aux balles et aux coups de baïonnette, s'il parait les sabres des cavaliers et se couchait à temps quand chargeaient les lanciers, cette petite pension suffirait à lui assurer une vieillesse paisible au Tyrol, après ces années de marches, contremarches, campements et tours de garde…

S'il enviait les Français, c'était pour la beauté de leurs uniformes voyants, qu'ils avaient promenés jusqu'à Moscou !

Même l'Autriche, son pays, foyer des traditions, avait cherché à composer. Napoléon n'avait pas d'héritier légitime ? On lui fournit une archiduchesse de vingt ans, rose et grasse, qui lui donna le roi de Rome en 1811 : Marie-Louise, reine de Bohême et de Hongrie, fille aînée de l'empereur François Ier d'Autriche. Petite-nièce de Marie-Antoinette, elle était devenue impératrice des Français ! Et puis le vent avait tourné : la retraite de Russie, le désastre espagnol…

Avec le tsar, le roi de Prusse, celui d'Angleterre et tous les roitelets déplumés d'Europe, l'empereur d'Autriche avait rejoint la puissante coalition qui venait d'abattre la France impériale. Bernadotte, que Napoléon avait placé comme roi de Suède, lui aussi avait tourné ses armes contre son ancien chef pour conserver sa couronne. Il paraît qu'est tatoué « Mort aux tyrans » sur la poitrine de ce souverain-là, fils d'un modeste procureur de Pau et ancien jacobin !

Tout était donc cul par-dessus tête en cet été 1815, il ne fallait pas chercher à comprendre, et Gert, fusil en main, le doigt sur la gâchette, se préparait à une mauvaise rencontre sur les glacis du camp, où il montait la garde, aux portes de Besançon.

Et voici que se produisit l'apparition. Du sous-bois jaillit une forme blanche, élancée, qui se dirigea vers lui.

— *Halt !* Qui fa là ? Mains en l'air ! trouva-t-il la force de hurler, dans ce français rudimentaire qui suffisait à sa vie de soudard.

La forme surgie de la nuit s'avança, levant les bras ; dans un souci de dignité peut-être, elle ne porta pas les mains au-dessus de la tête comme ferait un prisonnier de guerre, mais les maintint ouvertes sur les côtés, dans une attitude incantatoire qui ajoutait à son aspect irréel.

Gert contemplait le spectre avec effarement. Tirer ? Il n'y songeait même plus. Tire-t-on sur des fantômes ? Et puis il faut pour déclencher le feu des réflexes, du sang chaud, des muscles, alors que ses membres étaient raidis et glacés de peur. À mesure qu'elle approchait toutefois, et que l'atteignait la lueur diffuse des feux de camp, la chose s'incarnait, délicieusement.

Une femme ! Gert rit de sa propre bêtise. Une femme, bien sûr ! Dans ces campagnes ravagées, elles étaient des dizaines à rôder autour des casernements, échangeant un peu de plaisir contre quelques sous, voire un quignon de pain trempé dans la soupe...

Et lui, Gert, après tant d'épreuves et de combats, avait tremblé pour une de ces catins françaises qui cherchaient leur pitance auprès de la soldatesque... Bien sûr, les règlements prescrivaient de les refouler loin des enceintes militaires, ces espionnes en puissance, pourvoyeuses de maladies honteuses... Mais l'homme est faible, surtout quand il a quitté ses foyers, quand la sécheresse de la vie militaire lui fait ressentir tout le poids de la solitude.

Gert lui-même, au Tyrol, aurait trouvé à s'établir, grand et beau garçon comme il était naguère. Le destin l'avait fait célibataire, les guerres avaient cuit et recuit son corps couturé, et voilà longtemps qu'il n'espérait plus se marier. Tandis qu'une petite Française affriolante, une nymphe des forêts franc-comtoises, la belle aubaine, pour un soir…

La femme qui se présentait à lui avait tout pour attendrir un guerrier. Juste drapée dans l'une de ces robes de mousseline blanche dont les Parisiennes avaient imposé la mode, elle laissait transparaître un corps jeune et ferme, souple à souhait, d'une carnation étonnamment claire qu'on ne trouvait pas chez les paysannes. Sa brune chevelure, tombant sur ses épaules, en accentuait l'ivoire. Gert, volontiers, aurait lâché fusil et consignes pour se jeter sur elle comme un faune, s'il n'avait été arrêté par un regard d'une singulière autorité.

C'était une jeune fille pourtant, une toute jeune fille presque nue dans sa tunique vaporeuse, et son parfum de chair fraîche, mêlé aux senteurs de sous-bois, dans la douceur de cette nuit estivale, semblait une pure invitation au rut. Mais il y avait ce visage dur, ces yeux ardents, cet air de sublime orgueil pour arrêter net les élans bestiaux.

— Garde ! Ouvrez ! commanda l'inconnue, comme si toute l'armée autrichienne devait céder à son caprice.

— Qui fa là ? balbutia Gert, habitué depuis toujours à obéir, et que cette voix impérieuse remettait à sa place.

D'impérieux, le ton se fit impérial :

— Laissez-moi passer. Je veux voir votre général. Je suis Charlotte, la fille de Napoléon !

2

L'Aiglonne

QUAI MALAQUAIS, SEPTEMBRE 1815.

Une imposante bâtisse se dresse là, ancien hôtel particulier conçu pour abriter les plaisirs d'un grand seigneur, mais que la Nation a confisqué pour un usage plus sévère. Au-dessus de l'entrée, une inscription en lettres noires, apposée au pochoir sur la pierre même : MINISTÈRE DE LA POLICE GÉNÉRALE. Les Parisiens pressent le pas, sous l'œil méfiant des factionnaires.

Parmi les passants, il en est un pourtant qui marche d'un pas sûr, presque guilleret. Sur le quai, il jette un regard distrait sur les boîtes des bouquinistes, sans manifester l'intention d'acheter. Il avance, souriant, traverse la voie et entre au ministère en saluant machinalement les plantons de service.

Son nom, son prénom, l'Histoire les a oubliés. Ce petit homme grassouillet, aux manières apprêtées, n'a d'ailleurs rien d'un grand capitaine. Il œuvre pourtant à la marche du monde, mais à son niveau, subalterne et discret. Ses rapports, il les signe *Mutinus* et, dans tout le ministère, sauf le patron sans doute, Fouché, duc d'Otrante, nul ne sait quel individu réel agit sous ce pseudonyme étrange.

Police secrète : celle qui n'a pas d'uniforme, pas de guichets, celle qui vaque de la rue aux puissants, renseigne, compromet, élimine, sans laisser de traces. *Mutinus* est de ces agents anonymes qui épient, contrôlent et rapportent, en échange d'un joli pécule, vite dépensé. Ont-ils un idéal, une cause à défendre ? S'ils étaient sommés de répondre, à coup sûr ils invoqueraient la sauvegarde de l'État, le salut de la Nation, mais en sont-ils bien certains ? Le goût de la clandestinité, le plaisir de traquer, la joie de déjouer un complot ne s'éprouvent que dans ces jeux dangereux, aux marges du pouvoir suprême, dans les coins d'ombre que la politique abandonne à la cruauté.

Or, les complots ne manquaient pas en cet an de disgrâce 1815. Républicains, royalistes, voulaient rejouer 1789 à l'envers, le dernier carré des bonapartistes prétendait délivrer l'ex-empereur, tandis qu'une foule d'aventuriers, escrocs, imposteurs, sortis des prisons impériales et peu désireux de tâter des geôles royales restaurées, intriguaient de tous côtés pour parvenir. Faux nobles, faux chouans, faux émigrés encombraient de leurs suppliques et demandes de dédommagement les couloirs des Tuileries, où le roi Louis XVIII, frère de Louis XVI, avait renoncé à trier. Chacun y allait de son poème épique à la gloire du monarque, et tant pis si celui-ci, fatigué, goutteux, n'avait rien accompli des exploits qu'on célébrait en alexandrins. Sa police était là pour éclaircir les rangs, épurer la courtisanerie, et elle venait encore de marquer un point en arrêtant, parmi les plus exaltés thuriféraires du roi, un ancien bagnard, qui s'était fait nommer chef de la sécurité des palais royaux !

Un beau coup, certes, mais *Mutinus* jubilait, car il avait mieux encore dans sa besace... Cette histoire qu'il tenait de ses contacts en Franche-Comté, quelle aubaine ! Une héritière de l'Empire, surgie de nulle part, et venue se placer sous la protection des Autrichiens... Cette Charlotte valait son pesant d'or, sans doute !

Aussi l'agent secret ne s'attarda-t-il pas dans les bureaux. D'un air important, il gravit le grand escalier qui menait au bureau du ministre, où l'introduisit rapidement un huissier.

— Ah ! *Mutinus !...* Un instant, mon ami.

La face morose de Fouché s'était à peine mue, mais il y avait eu dans les yeux ce tressaillement de prédateur que *Mutinus* connaissait à son chef. Depuis vingt ans, il le servait, glanant pour lui secrets d'alcôves et basses rumeurs, qu'il lui rapportait fidèlement. Fouché, il le savait, ne négligeait rien, pas même une calomnie s'il pouvait lui donner corps et perdre de réputation un adversaire, et ce génie de l'intrigue lui avait réussi.

Malgré cela, *Mutinus* sentait en cet homme arrivé, désabusé de tout, un restant de jeunesse dès lors que se présentait un cas retors et, justement, il en avait un. Avec flair, Fouché sentait que son meilleur pisteur ne serait pas venu pour rien à l'improviste mais, soucieux de son état, Son Excellence M. le duc d'Otrante, ministre de la

Police générale du royaume, se devait de faire attendre son subordonné.

Il dicta donc, à un jeune homme empressé qui tenait la plume, sa note quotidienne au roi.

— Sire, les ravages de la France sont à leur comble… On ruine, on dévaste, on détruit, comme s'il n'y avait pour nous ni paix, ni composition ou espoir. Les habitants prennent la fuite devant des soldats indisciplinés ; les forêts se remplissent de malheureux qui vont y chercher un dernier asile ; les moissons vont périr dans les champs… Bientôt le désespoir n'entendra plus la voix de l'autorité ; et cette guerre entreprise pour le triomphe de la modération et de la justice égalera la barbarie de ces déplorables et trop célèbres invasions dont l'Histoire ne rappelle le souvenir qu'avec horreur…

Fouché soupira, sous le regard inquiet de son collaborateur. Le ministre n'y allait-il pas un peu fort avec ceux qu'il était convenu d'appeler « les Alliés », comme si leur alliance s'étendait à la royauté française dont, en effet, ils saccageaient le territoire ? Les comparer aux Huns, tout de même… D'un clin d'œil, le ministre rassura son scribe.

— Je vous laisse rédiger les préconisations : rétablissement de l'ordre, concorde, réconciliation des Français, unité autour du monarque… Faites comme pour vous !…

Le jeune homme sécha de poussière d'or le manuscrit, qu'il emporta pour ampliation.

— Mon petit Élie, lança Fouché, pas d'imprimerie pour

ce rapport-là qui pourrait irriter les Alliés. Vous porterez cet exemplaire unique aux Tuileries, je vous prie.

Le secrétaire acquiesça gravement, sans une parole, et sortit avec l'expression de celui qui sait de quoi il retourne.

— Il est très bien, ce petit Élie, murmura le ministre à *Mutinus* qui s'approchait de lui. Un jeune juge qui s'ennuyait dans la magistrature... J'en ai fait un préfet de police ! Il comprend tout et je n'ai qu'à déplorer un complot pour qu'il arrête les comploteurs... Dès que j'aurai un moment, il faudra que je le fasse coffrer lui aussi, il en sait trop maintenant !...

Fouché souriait, si toutefois un sourire peut prendre l'aspect d'une balafre. Ces complots, ces dévastations, n'en faisait-il pas son miel ? Ne lui garantissaient-ils pas, à lui, la sécurité paradoxale de l'homme qui, seul à en connaître les fauteurs et les causes, paraissait indispensable à tout régime voulant conjurer l'anarchie ?

Il avait été prêtre, puis jacobin, membre de la Convention, régicide ; puis la fortune de Bonaparte l'avait porté aux sommets et chaque fois que son rival Savary, le gros et fat duc de Rovigo, avait su déclencher sa disgrâce, la montée des périls avait suscité son retour... Le royaume maintenant avait besoin de lui, forcément, malgré les criailleries de ces nobliaux qui rappelaient à Louis XVIII que son ministre de la Police générale, vingt-deux ans plus tôt, avait voté la mort de son frère.

Fouché goûtait la situation en esthète. Lui qui n'avait guère de penchant pour les arts ni même pour les agréments ordinaires de la vie, trouvait un plaisir spécial à embrouiller puis débrouiller les relations humaines. Ce roi qu'il avait fait deux fois, en le délivrant de son aîné en 1793 puis en le faisant entrer dans Paris en 1815, ne l'aimait pas sans doute mais savait apprécier ses services. « Fouché fait un sale métier, mais il le fait salement », s'amusait à dire Napoléon, et certainement Louis Capet dix-huitième du nom, reconnu souverain légitime de la France, ne pensait-il pas autrement.

Le ministre se réjouissait d'autant plus que *Mutinus*, à l'évidence, lui apportait de nouveaux moyens de prouver son efficacité, en fourrant au cachot une bande de conjurés supplémentaire…

— Eh bien ? Que me rapportes-tu de nos provinces de l'Est ?

— Monsieur le duc, commença cérémonieusement l'informateur tout en dépliant son rapport, une jeune personne établie à Salins en Franche-Comté sous le nom de Chappuis, et prétendant être fille naturelle de Bonaparte, s'est adressée au général autrichien baron de Steininger, commandant devant Besançon, pour réclamer sa protection contre les persécutions auxquelles elle se dit exposée par sa naissance et par l'attachement qu'elle professe hautement pour son père.

— Une fille de Bonaparte ? Tu plaisantes ?

— Le général autrichien, ayant cherché d'abord à éclaircir le mystère de sa naissance, n'a pu recueillir, durant un long entretien qu'il eut avec elle, que les détails suivants que je crois devoir communiquer à Votre Excellence, parce qu'ils pourront servir à faciliter les recherches qu'on jugera à propos de faire sur le compte de cette jeune personne.

— Et comment ! D'où nous vient donc cette péronnelle ?

— Elle prétend être née le 22 août 1794 à Arnay-le-Duc, département de la Côte-d'Or, fruit d'une liaison qui existait entre Bonaparte, alors officier en garnison à Auxonne, et sa mère, fille du sieur Cotain, procureur du roi à Arnay. Sa mère ayant épousé par la suite le sieur Chappuis, propriétaire demeurant à Arnay, elle passa pour la fille de ce dernier et en prit le nom.

— Elle aurait donc vécu durant toutes ces années en Bourgogne ?

— À l'âge de six ans elle fut envoyée à Paris et confiée aux soins du sieur Lachaire, demeurant alors rue de l'Université. Renvoyée chez ses parents en 1801, elle revint à Paris dans le courant de l'année 1802, où elle resta jusqu'en 1811. Renvoyée à cette époque chez son oncle naturel, le sieur Driant, notaire à Arnay, chez lequel elle paraît avoir demeuré après la chute de Bonaparte en 1814.

— C'est une imposture, ou une folle. Comment concevoir qu'elle n'ait jamais tenté de voir son père naturel, de le solliciter même, entre 1801 et 1814 ?

— À cette époque elle se rendit avec des passeports qui lui furent délivrés à Dijon, par Lyon, Savonne, à l'île d'Elbe, où elle arriva le 8 mai, accompagnée par le général Cambronne.

— Ah ! Contrariant, cela…

— Le 28 octobre de la même année elle quitta l'île d'Elbe, et revint sous la conduite du consul napolitain par Livourne, Gênes, Turin en France où elle s'établit à Arnay. Instruite, à ce qu'elle prétend, des projets de Bonaparte, elle s'établit au commencement de cette année sous le nom de Chappuis à Salins, pour y attendre les événements.

— Et je suppose qu'on perd sa trace durant les cent jours que Napoléon arrache au destin, quand il revient de l'île d'Elbe, et jusqu'à Waterloo ?

— Elle demande au général autrichien des conseils pour se soustraire à la surveillance publique, et des moyens ou pour se rapprocher de son prétendu père, ou pour se mettre sous la sauvegarde du prince Eugène à Munich.

— De mieux en mieux…

— Elle n'a pu produire aucun document pour prouver la vérité des faits qu'elle allègue ; les seuls qu'elle réclame seraient quelques lettres du général Bertrand qu'elle prétend avoir laissées à Salins. Le général Steininger a dû se borner à l'envoyer à Baume-les-Dames, et la recommander à la surveillance de monsieur le préfet.

— Il aurait pu m'avertir, le préfet ! Heureusement que tu es là pour activer les choses…

— Je crois devoir communiquer à Votre Excellence ces renseignements pour la mettre à même de pouvoir combiner, d'après le plus ou moins d'attention que peut mériter cette jeune personne, des mesures convenables à son égard, conclut obséquieusement *Mutinus,* tout en repliant le rapport dont il venait de rendre compte oralement.

— Marie-Louise est à Vienne avec l'Aiglon – le jeune demi-frère de cette demoiselle, si elle dit vrai... Ah ! *Mutinus,* nous avions bien besoin d'une Aiglonne maintenant... Il faut me l'enfermer dans une jolie cage dorée, entre des mains françaises de préférence, avant que des bonapartistes ne fassent d'elle un drapeau... Ou qu'un prince autrichien ne nous l'engrosse, pour avoir ensuite des prétentions sur la couronne de France... Je compte sur toi !

— Je profite de cette occasion pour vous renouveler, monsieur le duc, l'assurance de ma haute considération...

— Bien, bien, s'agaça Fouché, dont la main grêle puisa une bourse toute bruissante d'or dans la cassette aux fonds secrets.

Et *Mutinus,* d'un pas joyeux, s'en alla dépenser cela de l'autre côté du pont, dans les mauvais lieux du Palais-Royal.

3

Au royaume d'Aphrodite

Mutinus, dans le monde romain, était le surnom qu'on donnait à Priape, dieu des jardins, des vergers, de la fécondité ainsi que des plaisirs charnels. L'agent avait-il choisi lui-même ce pseudonyme, ou bien Fouché le lui avait-il trouvé parce qu'il lui allait comme un gant ? Les hommes de la Révolution, bercés de références classiques, vivaient dans une perpétuelle renaissance des mœurs romaines et c'est pourquoi il y eut une République, des Consuls, puis un Empereur.

Priape, dieu paillard, ithyphallique, évocateur de joyeuse lubricité, nous en apprend beaucoup sur l'individu qui œuvrait dans l'ombre sous le nom de code *Mutinus*. À l'évidence, un épicurien qui avait des lettres, comme en témoigne d'ailleurs la qualité rédactionnelle de son rapport, clair et concis, respectueux et circonstancié. En d'autres temps, sous l'Ancien Régime, ce *Mutinus* eût été curé ou moine, prêtre incroyant, abbé de cour, jouant la comédie des sacrements pour dîner gratis dans les châteaux et lutiner la servante. La Révolution avait mis fin à ces opportunités.

Comme lui, une foule de lettrés sans fortune avait quitté les séminaires, les monastères, cherchant d'autres moyens de subsistance. Les plus doués devinrent fonctionnaires dans la bureaucratie naissante, professeurs dans les écoles dont le nouveau régime dotait la France, tandis que les gagne-petit et les velléitaires comme lui, les jouisseurs à la petite semaine, les mondains, les passifs, trouvèrent à s'employer comme informateurs.

Chaque faction, chaque ministère avait sa police alors, aussi irrégulière que possible. Pour les paresseux, les sournois, tous les traîne-savates qui savaient observer et comprendre, quelle période merveilleuse ! Il suffisait de se laisser vivre, de taverne en estaminet, de maison close en fête populaire, pour glaner de quoi mettre un gros bonnet en accusation. Les gens parlent inconsidérément en France, surtout devant un petit bonhomme falot dont on ne se méfie pas. Quelques pichets de vin à partager et *Mutinus* n'avait plus qu'à signaler les défaitistes, à dénoncer les ennemis du régime, quel que fût ce régime d'ailleurs, pour gagner de quoi subvenir à ses plaisirs.

Comment avait-il eu vent de cette prétendante bonapartiste de Besançon ? En bon agent secret, il ne le dit pas, couvrant ses sources. Sans doute entretenait-il ses réseaux dans l'administration préfectorale et, quand le général Steininger notifia sa prise au préfet du Doubs, un gratte-papier quelconque alerta-t-il le bon *Mutinus.*

Celui-ci exultait. Cette affaire avait retenu l'attention de Fouché ; surtout, il avait instructions d'en savoir plus et de maintenir la donzelle au secret, ce qui induisait de nouveaux versements, gratifications, frais de mission, qui feraient de lui la coqueluche du Palais-Royal.

Voilà un endroit stable au moins, qui se riait des constitutions et des changements de régime ! Depuis la Régence, le palais des ci-devant princes d'Orléans abritait les plus délurées putains de France. En 1789, les députés des provinces, allant ou revenant aux états généraux de Versailles, y firent étape, toutes nuances confondues ; et bientôt circulait une *Pétition des dames du Palais-Royal à l'Assemblée nationale*, réclamant, pour ce quatrième état de la Nation, des droits politiques et sociaux. La Terreur seule ralentit un peu la frénésie érotique du lieu, quand le conventionnel Jeanbon, le bien nommé, s'avisa que les prostituées pourraient être de mauvaises patriotes, puisqu'elles « corrompent vos jeunes gens, et au lieu de les rendre vigoureux et dignes des anciens Spartiates, n'en font que des Sybarites, incapables de servir la liberté »... Il fut un moment question d'étouffer ce germe de contre-révolution en déportant au-delà des mers les femmes de mauvaise vie, mais faute de vaisseaux disponibles, ou pour ne pas laisser l'opportunité d'une telle prise de guerre aux Anglais, on se contenta de rebaptiser leur lupanar « Palais-Égalité ». Les drôlesses avaient, il est vrai, des soutiens politiques, comme le conventionnel Turreau, l'un des plus fébriles habitués du lieu... La chute de Robespierre ranima les feux du libertinage et, depuis le Directoire, le monde entier savait où se trouvait le Temple de l'Amour.

Les jardins, les galeries, semblaient en effet le royaume d'Aphrodite, tant y ondulaient de prêtresses drapées dans leurs soieries diaphanes, à tout vent ouvertes. Dans les sous-sols, des salons, des tripots, des chambres aveugles attiraient les amateurs d'interlope. Quant aux boutiques, le fin du fin, pour messieurs fortunés, elles ne présentaient au chaland que d'insignifiantes babioles pour justifier les vitrines à travers lesquelles, avec convoitise, les passants contemplaient les rondeurs poudrées de charmantes vendeuses qui ne demandaient qu'à tirer le rideau.

Mutinus évoluait là comme chez lui, dieu Pan qui gambadait ravi dans ces jardins des délices dont il ne voyait pas le sordide. La dure vie des catins, promises à l'hôpital et à la misère dès lors que surviendrait la vérole ? La toute-puissance de l'argent, dans cette fête forcée pour gandins en goguette ? Il aurait fallu, pour s'en soucier, des scrupules, ce dont *Mutinus* avait le bonheur de se trouver absolument exempt. Il savait que la vie était courte et voulait la cueillir ; il n'ignorait pas le pouvoir d'une monnaie d'or sur une jeune personne famélique et ne se préoccupait que de n'en point manquer.

On l'aurait bien fait rire en lui racontant la visite que fit au Palais-Royal, l'année de ses dix-huit ans, un élève officier corse, un peu grave pour son âge, et préoccupé de questions sanitaires et sociales.

C'était un jeudi, sous l'Ancien Régime, le 22 novembre 1787.

Nabulione Buonaparte, depuis près de dix ans, vit plus ou

moins cloîtré. Parti de Corse à l'âge de neuf ans, il apprend le français au collège d'Autun, puis les rudiments de l'art militaire à Brienne-le-Château, enfin entre comme interne à l'École de guerre. En cette froide soirée de l'automne 1787, pour la première fois, le jeune sous-lieutenant fait l'expérience de la liberté ; or, depuis l'hôtel de Cherbourg où il réside, dans l'ancienne rue du Four-Saint-Honoré, au croisement de la rue Coquillière et de la rue Trainée, voici que bizarrement ses pas le conduisent sous les arcades du Palais-Royal…

« Mon âme, agitée par les sentiments vigoureux qui la caractérisent, me faisait supporter le froid avec indifférence », notera-t-il dans un texte autobiographique retrouvé longtemps plus tard ; « mais, l'imagination refroidie, je sentis les rigueurs de la saison et gagnai les galeries. J'étais sur le seuil de ces portes de fer quand mes regards errèrent sur une personne du sexe. L'heure, la taille, sa grande jeunesse ne me firent pas douter qu'elle ne fût une fille. Je la regardais : elle s'arrêta non pas avec cet air grenadier [des autres], mais un air convenant parfaitement à l'allure de sa personne. Ce rapport me frappa. Sa timidité m'encouragea et je lui parlai. Je lui parlai, moi qui, pénétré plus que personne de l'odieux de son état, me suis toujours cru souillé par un seul regard. »

Ce soir-là, l'homme qui fera trembler le monde n'est encore qu'un puceau timide et emprunté, provincial mal dégrossi que la vue de la femme à vendre fait quelque peu défaillir. « Mais son teint pâle, son physique faible, son organe doux ne me firent pas un moment en suspens, confie-t-il, dans le style ampoulé des romans libertins de son temps. Ou c'est, me dis-je, une personne qui me sera utile à l'observation que je veux faire, ou elle n'est qu'une bûche.

— Vous aurez bien froid, lui dis-je, comment pouvez-vous vous résoudre à passer dans les allées ?

— Ah ! monsieur, l'espoir m'anime. Il faut terminer ma soirée.

« L'indifférence avec laquelle elle prononça ces mots, le flegmatique de cette réponse me gagna et je passai avec elle.

— Vous avez l'air d'une constitution bien faible. Je suis étonné que vous ne soyez pas fatiguée du métier.

— Ah dame ! monsieur, il faut bien faire quelque chose.

— Cela peut être, mais n'y a-t-il pas de métier plus propre à votre santé ?

— Non, monsieur, il faut vivre.

« Je fus enchanté, je vis qu'elle me répondait au moins, succès qui n'avait pas couronné toutes les tentatives que j'avais faites.

— Il faut que vous soyez de quelques pays septentrionaux, car vous bravez le froid.

— Je suis de Nantes en Bretagne.

— Je connais ce pays-là. Il faut, mademoiselle que vous me fassiez le plaisir de me raconter la perte de votre pucelage…

— C'est un officier qui me l'a pris.

— En êtes-vous fâchée ?

— Oh ! oui, je vous en réponds. (Sa voix prenait une saveur, une onction que je n'avais pas encore remarquée.) Je vous en réponds. Ma sœur est bien établie actuellement. Pourquoi ne l'eus-je pas été ?

— Comment êtes-vous venue à Paris ?

— L'officier qui m'avilit, que je déteste, m'abandonna. Il fallut fuir l'indignation d'une mère. Un second se présenta, me conduisit à Paris, m'abandonna, et un troisième, avec lequel je viens de vivre trois ans, lui a succédé. Quoique Français, ses affaires l'ont appelé à Londres et il y est. Allons chez vous.

— Mais qu'y ferons-nous ?

— Allons, nous nous chaufferons et vous assouvirez votre plaisir. »

Dans ses notes, l'appliqué sous-lieutenant Bonaparte devient alors fort sibyllin : « J'étais bien loin de devenir scrupuleux ; je l'avais agacée pour qu'elle ne se sauvât point quand elle serait pressée par le raisonnement que je lui préparais en contrefaisant une honnêteté que je voulais lui prouver ne pas avoir. » Le témoignage s'arrête ainsi, la nuit restera son secret.

Des femmes, Bonaparte en troussera à foison. Il n'est pas bien gaillard, jeune, mais le pouvoir le conforte ; il y aura Joséphine, qui le mènera par le bout du nez, puis la Grassini, cantatrice milanaise, qui sera sa plus belle conquête en Italie et le déniaisera complètement. Ensuite, il ne s'arrêtera plus…

Il aura donc des enfants naturels, bien avant la naissance de l'Aiglon : le comte Léon, à qui il donnera la moitié de son prénom, fils de la jolie Éléonore Denuelle de La Plaigne, en 1806... Et quatre ans plus tard, le futur comte Walewski, avec une belle Polonaise, Marie Walewska...

Émilie de Pellapra, future princesse de Chimay, prétendra pour sa part être issue d'une liaison adultérine ; on jasera aussi sur la paternité de Joséphine-Napoléone de Montholon, née à Sainte-Hélène, puisque la femme du général de Montholon deviendra la maîtresse de Napoléon, en exil. Mais l'enfant, filleule de l'Empereur, mourra en bas âge.

Ainsi, mis à part Joséphine dont il a compris qu'il n'aurait pas de descendance et qu'il a quittée pour Marie-Louise, Napoléon aura été prolifique, tout de même. Pourquoi, en garnison à Auxonne, le jeune officier n'aurait-il pas trompé sa solitude avec une Bourguignonne, aussi jolie que la Nantaise du Palais-Royal, aussi émouvante dans sa détresse intéressée – et qu'il aurait rendue mère ?

4

Cœur sensible

ET CHARLOTTE ? QUE DEVENAIT-ELLE, QUI SE SOUCIAIT D'ELLE ?

Gert l'avait introduite dans le camp retranché autrichien, où l'arrivée d'une si exquise créature, de nuit, dans son nuage de gaze blanche, avait fait sensation.

Les soldats eurent bien quelques exclamations malsonnantes et Charlotte n'avait pas besoin de savoir l'allemand, ni le hongrois, ni les cent langues de l'empire ennemi pour comprendre qu'elle avait suscité le désir. Elle n'en demeura pas moins grave, altière, et la grâce hautaine de sa démarche fit bientôt taire les braillards, tout à coup gagnés par un sentiment nouveau pour eux – l'admiration.

Depuis des mois, des années, ils vivaient comme des bêtes, errant d'une province à l'autre, volant, violentant quand ils ne se battaient pas, pour rouler fin saouls le soir, abrutis, grossiers, animaux. Or, voici qu'une créature angélique paraissait parmi eux, un rayon de beauté dans leur bauge, un éclair d'idéalité qui foudroyait l'infamie du monde, et les plus primaires eux-mêmes s'en trouvaient tout à coup chancelants.

Il émanait de cette femme un magnétisme singulier, comme si à chacun de ses pas une passe magique s'opérait. Celle-là n'était pas comme les autres, non elle n'était pas comme tout le monde. Pourquoi, comment ce corps menu et gracile tenait-il en respect tout un régiment ? Était-ce l'effet de son port majestueux, ou bien l'expression presque irritée de ce visage ardent, dont la joliesse semblait dominer impassiblement les contingences de la vie ?

Le général-baron de Steininger, prévenu, sortit de sa tente. En galant homme, il salua en se découvrant celle qui venait à lui, et Charlotte, d'un sourire désarmant, lui signifia qu'elle acceptait son acte de soumission.

Quand la belle inconnue entra dans le pavillon de toile, un frisson d'envie parcourut la troupe. Quel veinard, ce Steininger ! songeait chacun, tandis que Gert, le cœur gros, regagnait tristement son poste de garde. Or, devant la soudaineté de cette bonne fortune, le général commandant la place de Besançon n'en menait pas large.

— Que signifie cette intrusion, mademoiselle ? fit-il de sa plus grosse voix, mais la conviction manquait.

Le choix seul de s'exprimer en français trahissait son désir de paraître agréable à la séduisante invitée qui lui tombait du ciel.

— Quelle intrusion, général ? Je me suis fait annoncer, il me semble, car je viens me placer sous votre protection.

— On me dit que vous vous prétendez fille de Napoléon ?

— Vérifiez, examinez.

Et sans doute ajouta-t-elle, dans un soupir, les yeux

embués de larmes, ces mots qu'elle avait préparés d'avance, et dont garde trace une feuille de brouillon dans son dossier de police :

« Je pourrais attendre sous protection les examens.

« Ma position n'est pas soutenable en France, dépourvue de toute espèce d'appui, et suite aux calomnies des méchants qui ne peuvent percer les véritables motifs de mes démarches. Examinez par vous-même, monsieur, la perplexité où me jette le sort, et ce que la prudence exige.

« Mais, monsieur, il m'est doux de verser dans un cœur sensible quelques-unes des pensées qui surchargent le mien. »

Comment le général Steininger n'aurait-il pas capitulé ?

5

L'impératrice vagabonde

DURANT QUELQUES JOURS ALORS, CHARLOTTE CONNUT LA SENsation d'être Altesse. Son palais n'était pourtant que de toile, son mobilier celui d'un officier en campagne, mais après des semaines d'errance à travers les champs et les bois, dans un pays en état de guerre et de dévastation où toute rencontre pouvait se révéler fatale, la tente qu'on lui avait assignée revêtait pour elle toute la splendeur d'une demeure princière. Elle qui avait dormi la nuit dehors comme un animal sauvage, disposait d'un lit de camp garni de draps frais dont elle appréciait le confort relatif. Elle qui avait connu la faim, dû se contenter de fruits grappillés çà et là, maintenant déjeunait et dînait à satiété, d'un ordinaire amélioré pour elle par l'intendance du camp. Le général Steininger avait donné des instructions pour qu'elle soit traitée le mieux possible, comme une invitée de marque. Ses repas lui étaient portés par un soldat qu'elle surnommait son ordonnance, et qui le reste du temps montait la garde devant sa tente.

Gert s'était porté volontaire pour cet emploi de

chambellan, suscitant les moqueries de ses compagnons d'armes. Le Tyrolien s'en moquait. Les pensers salaces ne le préoccupaient plus depuis l'arrivée de cette mystérieuse princesse dont il s'était institué le gardien. Charlotte le fascinait et sans doute éprouvait-il une sorte de joie enthousiaste à l'idée d'apporter soin et protection à cette envoyée du destin qui avait illuminé sa morne existence. Au vrai, sa mission consistait plutôt à la surveiller, pour qu'elle ne s'évade pas du petit chapiteau où elle était consignée, mais Gert s'en acquittait avec tant de zèle que Charlotte se pouvait croire vénérée par sa garde d'honneur, qui n'aurait laissé passer personne.

Seul le général-baron de Steininger pouvait franchir le seuil de la résidence princière et il est juste de dire qu'il ne boudait pas ce privilège. Au prétexte de vérifier que tout allait bien, il rendait au moins quotidiennement visite à sa prisonnière, ou pour mieux dire, obtenait d'elle une audience. Charlotte le recevait avec grâce, tout en se gardant de le remercier de ses bontés : ce luxe approximatif dont il l'entourait, les égards qu'il manifestait à sa personne, il fallait que cela semblât dû. Fière, elle n'eût pas accepté une aumône, encore moins des familiarités. Comme Napoléon, son père, elle goûtait ce mélange de militarisme et de raffinement, d'étiquette de cour et de casernement, qui la faisait ressembler à l'une de ces déesses guerrières du paganisme. Et certes il ne lui manquait qu'une lance et un casque de cuivre pour figurer Minerve ou Diane, régnant sur sa troupe d'adorateurs.

Sous sa tente, elle semblait même donner ses ordres au général, en vue d'un assaut, d'une offensive, dont elle seule aurait l'initiative.

En réalité, le premier jour, Charlotte se contenta de réclamer un bain chaud, et ce caprice bien nécessaire, après un mois de vagabondage, se trouva satisfait dans l'heure avec une efficacité toute militaire. Gert apporta un grand baquet dans lequel il déversa plusieurs chaudrons d'eau écumante, avant d'y plonger un précieux cube de savon réglementaire. Enfin il se retira, ferma hermétiquement l'entrée et, cet après-midi-là, assurément, on ne passait pas.

Charlotte, après avoir lessivé sa robe et le contenu de son misérable balluchon, sauf quelques papiers froissés qu'elle mit à part, se plongea en toute délectation dans ce bain qui, même sans lait d'ânesse, achevait d'adoucir son sort ; et, tandis que son corps s'apaisait, ses pensées vagabondaient à leur tour.

Depuis combien de temps n'avait-elle pas été servie ? Depuis quand avait-elle dû renoncer à se sentir propre ? L'injustice de l'existence lui apparut dans toute sa cruauté.

Était-ce sa faute, à elle, si sa tête de linotte de mère avait fauté ? Antoinette Cattin – et non « Cotain », même si elle donnait parfois ce nom pour s'épargner des mots d'esprit faciles – avait la jambe légère, sans doute. C'était après la Révolution, sous le Directoire, dans ce silence des lois qui ravissait les hommes. Plus rien ne tenait debout, ni la religion ni le mariage, et tandis que les idéaux nouvellement proclamés eux aussi chancelaient déjà, les vieilles notions de pudeur et de virginité au mariage devenaient fort théoriques.

Dans sa famille pourtant, famille de petits magistrats d'Arnay-le-Duc en Bourgogne, ces conceptions gothiques continuaient d'avoir cours. Aussi les Cattin furent-ils scandalisés de savoir leur fille enceinte d'un inconnu et, s'estimant déshonorés, la mirent dehors. Elle vécut comme elle put, au hasard des rencontres, au hasard des hommes. Au cours de sa vie dissolue, Antoinette Cattin donna la vie à tant d'enfants – vingt-quatre, murmurait-on dans la famille, dont dix-sept dépassèrent leur première année – que Charlotte ne connaissait pas l'intégralité de ses frères et sœurs. Et quant à leur paternité, comment savoir ?

Antoinette trouva cependant un père pour ses enfants : ce Chappuis qui lui donna son nom, moine défroqué qui sans doute ne valait guère mieux qu'un *Mutinus* mais se laissa entraîner au mariage. Fut-il le roi des cocus, ou un sinistre maquereau qui prostituait sa compagne ? Charlotte n'avait presque aucun souvenir de lui ; il était mort en 1807, l'année d'Eylau, de Friedland, du traité de Tilsit et de l'alliance franco-perse, et ce fut surtout l'oncle Georges qui se chargea d'elle.

Un brave homme, qui n'avait pas complètement rompu avec sa putain de sœur et, quand il le pouvait, lui rendait service. Peu prude lui-même, il vivait avec sa servante, la mère Lamy, sans qu'on sût si la cuisinière avait séduit le patron, ou si le maître avait voulu s'attacher définitivement un pareil cordon-bleu... Chez lui, la vie était simple et bonne, la chère abondante, et Charlotte connut une enfance heureuse. Puis il la mit en pension à Paris.

Sursaut d'égoïsme ou vrai sacrifice ? Cet épicurien voulut-il se débarrasser d'une enfant turbulente pour ne plus vaquer qu'à ses plaisirs ? Eut-il, au contraire, le souci de parfaire l'éducation d'une gamine qu'il aimait et dont il voulait assurer l'avenir ? Charlotte, enfant, n'avait aucune notion de ce qui pouvait se passer dans la tête de cet homme placide et bourru, parlant peu et mangeant trop, buvant sec et pissant dru, que sa destinée lui avait donné pour famille. Il lui semblait pourtant que l'affection l'emportait sur la ripaille, et que l'oncle, lorsque les vins de Bourgogne ne lui montaient pas à la tête au point de presser fébrilement la mère Lamy dont il triturait les jupons, assumait du mieux qu'il pouvait les tâches éducatives que sa sœur lui avait confiées. Aussi navrant qu'il fût, ce foyer était le sien et Charlotte n'en souhaitait pas d'autre. Aussi son premier passage à Paris fut-il bref et malheureux.

Charlotte s'échappa-t-elle, fut-elle renvoyée ? Après un nouveau séjour à Arnay-le-Duc – c'était si loin déjà –, elle retournait à la pension Lachaire pour devenir, en cinq ans, une personne convenable et policée, bonne à marier. En 1811, quand la jeune fille regagna la Bourgogne, ce fut pour assister Antoinette Cattin qui vivait ses derniers instants.

La pauvre femme venait tout juste d'entrer dans sa cinquantième année. Épuisée par une vie de débauche et de dissipation, déformée par ses grossesses à répétition, elle n'avait plus rien de la beauté mutine qui avait endiablé les soirées bourguignonnes. C'était une épaisse matrone à la face burinée, dont le corps expirant, boursouflé, n'exprimait plus que lassitude et souffrance. D'avoir trop aimé l'amour, elle portait tous les stigmates de la déchéance vénérienne, et la pauvre Charlotte, sortant de sa coquette pension parisienne où de bons maîtres teintés d'encyclopédisme tâchaient d'enseigner les rudiments de la philosophie aux jeunes filles, peinait à reconnaître sa mère en cet être déclassé, sordide, dont ne montaient plus que des plaintes animales.

L'adolescente, se penchant sur ce lit malpropre qui déjà sentait la mort, n'eut que la force de murmurer ce mot presque incongru :

— Maman ?...

Le souffle pur qui tomba sur elle sembla un instant ranimer Antoinette Cattin, qui fixa cet ange survenu à son chevet.

— Charlotte ? C'est toi ? Ma princesse...

Dans le flux d'enfants qui était résulté de son libertinage, Antoinette n'avait jamais perdu le compte de ses rejetons. Mauvaise mère, elle l'était à tous égards, au moins par nécessité, elle qui avait passé toutes ses soirées dans les tavernes et les ruelles mal fréquentées pour en tirer la pitance de sa tribu. Pourtant, son tempérament la portait à l'amour, y compris celui de ses gosses désassortis ; aussi peu ordonnée, aussi peu édifiante qu'ait été sa conduite, elle se sentait mère tout de même, mère par nature, comme une ourse.

Non, Antoinette n'aurait pas, ainsi que faisaient couramment d'autres filles à soldats ses rivales, mis ses nouveau-nés au tourniquet des couvents, ni sur les marches de l'hôpital, la nuit. À tous elle avait donné le nom de Chappuis, et le gros homme, sans l'avoir souhaité peut-être, avait ainsi eu l'occasion de commettre au moins vingt-quatre bonnes actions dans son existence de ruffian – vingt-quatre grâces qui peut-être lui furent décomptées au jour du Jugement, se disait sa femme, car Antoinette était croyante. Oui, le moine indigne, là-haut, lui devait sans doute d'avoir échappé de peu aux flammes éternelles, et ici-bas, elle, la « fille Cattin », vivant pléonasme, pouvait au moins s'enorgueillir d'avoir procuré à chaque chérubin qui lui était tombé du ciel une chance de trouver sa voie en ce monde impitoyable. Mais Charlotte occupait, dans la petite peuplade issue de ses flancs, une place à part.

Pour Charlotte, elle avait supplié son frère Georges de la prendre chez lui, de l'éduquer. Pour Charlotte, elle avait tapiné dur, économisé sou après sou, vérolé en quinze ans l'équivalent d'une garnison entière. Pour Charlotte, elle avait prié aussi…

Quand on est Antoinette Cattin la catin, aimer sa fille, cela veut dire l'éloigner de soi, la sortir à jamais du ruisseau qui vous emporte et vous souille. Charlotte pourrait-elle un jour comprendre qu'elle n'avait pas été rejetée, mais projetée, comme une idée qu'on mûrit et qu'on réalise en lui consacrant le meilleur de soi-même ? À Paris, dans la pension Lachaire, rue de l'Université, elle avait appris à lire et à écrire, elle avait lu les classiques le jour et les livres interdits la nuit, elle savait l'histoire de France et quelques mots de latin. Et le brave et digne professeur Lachaire, lui aussi pléonastique, savant homme qui lisait Rousseau et Kant, eût été bien surpris d'apprendre qu'une part des frais de pension qui lui étaient réglés rubis sur l'ongle provenait des bouges d'Auxonne, où chaque franc était salement gagné par une gourgandine appréciée des artilleurs.

Au moment de basculer dans la nuit, une dernière fois, Antoinette Cattin se souvint. Un jeune sous-lieutenant, à jamais, l'avait marquée. Il n'était pas très beau pourtant, avec son teint bistre tendant au bilieux, son menton proéminent que bleutait l'irruption d'une barbe dense, rasée deux fois par jour; et cependant, Antoinette avait remarqué son grand front soucieux, sa mine volontaire, et ce regard de feu qu'il avait sur toutes choses. Des yeux de poète sur une face d'égorgeur!

Trop sérieux, renfermé dans l'étude, pauvre sans doute comme en attestait la vétusté de son uniforme, il n'avait rien de commun avec les gandins dissipés qui, comme lui, servaient au régiment d'artillerie de La Fère, cantonné à Auxonne. On se moquait de lui, de son accent burlesque qui rappelait les opéras italiens, de son nom même, comiquement imprononçable. « Nabulione », se présentait-il : « La-Paille-au-nez ! » s'exclamaient ses camarades. Un air courroucé, alors, envahissait sa figure et Antoinette fut peut-être la première à sentir la vigueur de cette énergie, l'intensité de cette colère qui un jour balaierait le monde pour faire connaître et respecter son nom.

Nabulione Buonaparte, à vingt-deux ans, n'incarnait encore que le néant social et quand, pour le flatter, une fille lui susurrait qu'il serait un jour général, il murmurait, sombre et mélancolique :

— Capitaine, ce serait déjà bien !

Sans le sou, réservant le plus clair de sa solde à l'achat de vieux livres râpés où il puisait des tas d'idées bizarres, ce garçon-là vivait de rien. Il tenta un moment de se nourrir exclusivement de laitages, achevant ainsi de se détraquer l'estomac. En cette Bourgogne où l'on mange si bien, où vins, viandes, fromages s'étalent à profusion sur les marchés, il se comportait en ascète, réservant ses maigres ressources à l'achat d'ouvrages de mathématiques et d'histoire ancienne.

Un soir pourtant, un seul soir, submergé d'une humeur sombre qui lui faisait détester tout et son contraire, il fit tinter les rares billons de sa bourse dans un lieu de perdition où il venait s'étourdir. Les insulaires sont ainsi, loin de leur île ; Antoinette, terrienne de pleine terre, n'avait pas la moindre idée de l'insondable tristesse qui habitait ce jeune homme hagard, mais l'opportunité se présentait enfin de l'ajouter à son tableau de chasse et l'oiseau semblait si curieux qu'elle se montra, pour une fois, arrangeante sur les tarifs.

Cela, elle ne pouvait le dire à sa fille, sur son lit de mort qui plus est ; mais, rassemblant ses forces, au moment où elle sentait toute pétulance la déserter à jamais, Antoinette Cattin prit la main de Charlotte et lui confia, de la manière la plus convenable qu'elle put, le secret de sa naissance.

— Ton père... Ce n'était pas Chappuis, bien sûr... Mais un officier corse que j'ai bien connu à Auxonne... On l'appelait Buonaparte à l'époque... Il a fait son chemin depuis, il est devenu l'Empereur! Tu es sa fille, Charlotte... Ma princesse Charlotte...

Délire d'une mourante? Confession d'une pécheresse qui, à l'ultime instant, hoquette ce qu'elle a toujours gardé enfoui au plus profond de sa conscience, pour transmettre aux vivants son secret? Charlotte sortit en titubant de la chambre mortuaire, tandis que l'oncle Georges entrait pour fermer les yeux de celle qui avait été sa sœur, la honte de la famille, et porta néanmoins le premier enfant de l'Empereur.

Orpheline maintenant, la princesse putative fondit en larmes. Charlotte ne savait que faire, ni même où aller. À Paris, pour tambouriner à la porte des Tuileries? Le moment était vraiment peu propice pour crier: «Je suis la fille de l'Empereur!» Le 20 mars 1811, en effet, Marie-Louise vient de donner naissance au roi de Rome: l'Empire a un héritier, enfin, la France fête l'heureux événement et les poètes courtisans adressent leurs odes à la dynastie naissante:

> Soutiens le transport qui m'anime,
> Ô muse! de la double cime

Ensemble atteignons la hauteur ;
Apprenons à l'Europe entière
Que Minerve au dieu de la guerre
Vient de donner un successeur.

Et sans doute le battage fait autour de cette naissance avait-il troublé l'agonie d'Antoinette Cattin. Peut-être même la nouvelle l'avait-elle achevée, bouleversant sa petite conscience de fille publique dont le seul motif de fierté semblait, au dernier moment, lui être ravi par le sort ? Cette archiduchesse venue d'Autriche pour donner un fils à l'Empereur ne lui enlevait-elle pas sa maternité, n'usurpait-elle pas sa mission, à elle, mère du premier enfant de Bonaparte ? Or, dans les fastes et cérémonies qui célébrèrent la naissance de l'Aiglon, qui se souciait de ses affres, à elle, mère de vingt-quatre bâtards dont une princesse impériale ?

Cinq jours plus tard, la découverte d'une comète venait sanctifier la naissance du roi de Rome. Ce bolide luminescent, bientôt visible à l'œil nu dans le ciel nocturne, confirmait aux populations paysannes qu'elles vivaient des temps exceptionnels. Même les savants, les prêtres, rivalisaient dans l'hyperbole en affirmant que la comète en question n'avait plus fécondé la Terre depuis le temps des pharaons – ces mêmes pharaons dont Bonaparte s'est institué l'héritier, en revenant d'Égypte, pour fonder en France un nouvel empire millénaire. Et ce signe du ciel a d'autant plus de force qu'il transforme de manière sensible la vie du peuple.

En Bourgogne, la chaleur est étouffante et, cette année-là, des vendanges précoces laissent présager des vins d'une valeur exceptionnelle. Nul n'envisage alors que la comète puisse annoncer des temps eschatologiques, le désastre russe, l'effondrement de l'Empire. Seul Talleyrand, qui ne croit pas aux signes du ciel et ne s'en remet qu'aux ressources de son intelligence, comprend que « ce n'est pas la fin, ni même le commencement de la fin, mais la fin du commencement »...

Charlotte, encore mineure, sans appuis, sans soutiens, préfère attendre son heure. Fille de Napoléon, elle risque trop gros en se dévoilant d'un coup ; il lui faut préparer son avènement ; elle aussi aura sa bonne étoile et, un jour sans doute, elle rencontrera Marie-Louise et Napoléon, à qui elle racontera son histoire.

Patienter, se faire discrète : vertus difficiles, pour une princesse impériale, pressée d'avoir sa revanche sur la fatalité. Était-ce le sang de Corse, ou le tempérament excessif d'Antoinette qui la travaillait ? Charlotte ne tenait pas en place, elle brûlait d'agir, d'être reconnue, d'être aimée. Un soldat qui passait lui tourna la tête, puis un officier, puis un autre... L'atavisme agissait de manière bien compromettante. L'oncle Georges se fâcha, braillant tout haut qu'il ne voulait pas revivre avec la fille ce que lui avait infligé la mère. Il fallut partir et Charlotte était ainsi faite que cette perspective, au fond, l'enthousiasmait.

La mère Lamy, seule âme compatissante à Arnay-le-Duc, lui proposa de se retirer dans le Jura.

— Charlotte, tu as de la famille là-bas, les cousins Girod-Genet qui vivent à Champagnole par exemple. Et puis il y a Fanchon, ma petite sœur, à Salins. Va la voir de ma part. Vous avez le même âge. Elle t'accueillera gentiment.

6

Fanchon

QUAND UNE JEUNESSE QUI N'A PAS VINGT ANS S'ÉLANCE SUR LES routes à la poursuite de son destin, les bons conseils des anciens restent misérablement vains. La mère Lamy, l'oncle Georges, les voisins, tout ce qu'Arnay-le-Duc comportait de valétudinaire et chenu avait mis en garde Charlotte, qui n'en retint pas un mot.

Libre ! Elle était, enfin, libre d'aller et de venir, comme dans cette fameuse Déclaration dont on parlait tant depuis 89, et rien ne pouvait l'effrayer. Elle partit donc, allègrement.

Quelles furent ses pérégrinations ? S'offrit-elle le luxe d'une diligence, marcha-t-elle comme une va-nu-pieds ? Des chevaliers servants s'offrirent-ils pour l'escorter, la transporter, sur le chemin tortueux qui va d'Arnay à Salins ? Fit-elle un détour par l'Italie et l'île d'Elbe, comme elle l'affirma ? L'Histoire l'ignorera toujours, faute de sources.

Son dossier ne comporte qu'une date sûre, celle à laquelle le maire de Salins, dans le Jura, assure qu'elle lui fut signalée : « Mlle Chappuis est arrivée à Salins le 3 janvier 1815.

J'étais maire, témoignera plus tard François de Bancenel. Dès le lendemain je fus informé de son séjour ici et la fis suivre par une police secrète que j'entretenais à mes frais. » Car chacun a sa petite police en ces temps de complots et de défiance, tout le monde épie tout le monde, sauf Charlotte qui, dans l'inconscience de sa jeunesse, admire encore innocemment le spectacle du monde.

Avec curiosité, elle découvre le pays du sel. Le père Lachaire lui en avait parlé, vaguement, de cette Franche-Comté où le sel minéral forme de vrais gisements, que des flux d'eau souterrains transforment en saumure. L'oncle Georges, moins doctement, ne jurait que par le sel comtois pour ses salaisons. En Bourgogne, on gavait et saignait le cochon pour en tirer force charcutailles, mais afin de conserver jambons et saucissons, il fallait de ce précieux sel qu'extrayaient les voisins francs-comtois.

À Salins, ce fut un vrai peuple de lutins que Charlotte découvrit en souriant, des hommes cuits comme des pots de grès, qui descendaient sous terre brasser des flots de saumure, pour l'étaler sur d'immenses poêles de fer où l'eau écumante, s'évaporant, laissait d'épaisses croûtes de ce précieux sel qu'on taillait alors en lingots. Les mains rongées, la peau brunie par le brasier infernal qu'il leur fallait entretenir sous leurs tôles rougies, ces diables sentaient le feu de bois comme s'ils avaient traversé un incendie de forêt ; quant à leurs vêtements, de forte étoffe pourtant, quelques semaines à ce régime suffisaient à les rogner, brûler, déchirer, si bien que la ville semblait peuplée de loqueteux fumants et roussis.

— Il y a du travail ici, les sauniers ont tout le temps besoin d'habits refaits, lui avait dit Fanchon en riant.

Fanchon ! Elle riait tout le temps, d'ailleurs, et si Charlotte fit au moins une rencontre plaisante dans ces années, ce fut Françoise Lamy dite Fanchon, la sœur de sa quasi-tante.

« Elle se logea chez une nommée Lamy, couturière, pauvre et n'ayant que son trousseau, confirmera le maire. Elle était recommandée à cette couturière par une Lamy sa sœur, cuisinière chez une des tantes de Mlle Chappuis. Le 7 janvier, cette demoiselle vint chez moi, me demanda permission de recevoir des jeunes personnes chez elle, à qui elle enseignerait la religion, à lire, écrire et à faire tous les ouvrages qu'on montre aux jeunes personnes. J'y consentis après qu'elle m'ait déclaré son nom, et qu'elle était nièce de Mme Raimond, épouse de M. l'inspecteur forestier à Arbois, tout ce que je savais déjà.

« Cette fille Chappuis est-elle allée à l'île d'Elbe ? Je me prononcerais par la négative ; mais si elle y est allée, l'état de misère dans lequel elle est arrivée ici démentirait d'une manière positive le bruit qu'elle a fait courir qu'elle était la fille du Corse. Voici à ce sujet ce que je sais.

« Jusqu'à l'entrée des Alliés, rien n'a transpiré sur la naissance de cette fille. Ses liaisons se bornaient à deux maisons, à la vérité très bonapartistes. Arrivée à Salins avec un louis ou 27 francs, elle y a vécu d'abord de cette faible somme, puis aux dépens de la couturière Lamy et à l'aide de 5 ou 6 jeunes élèves qui lui payaient 1,75 franc par mois. Elle a pris un loyer de 100 francs qu'elle doit en entier, et on a vu rétablir pour sa mise toutes les robes de la couturière Lamy, qui n'en a plus et qui lui a sacrifié même sa chemise. Les deux filles vivaient ensemble et se nourrissaient de gaude et de lait. »

La gaude, roborative bouillie de maïs au lard, est la nourriture des pauvres ; les deux jeunes femmes ne roulent pas sur l'or mais l'optimisme et la bonne humeur les soutiennent. Fanchon, couturière de vingt ans, imagine un instant d'initier son amie à son art. Peine perdue : Charlotte a des projets plus ambitieux, cette pension pour jeunes filles qui les fait déménager. Dans un grand appartement où Charlotte peut recevoir ses élèves, leur enseigner l'écriture et le maintien, Fanchon assure l'intendance.

Entre les deux jeunes femmes, la relation n'a rien d'égalitaire : elles s'aiment sans doute, deviennent inséparables, mais il y a de l'une à l'autre la déférence aveugle d'une chambrière pour sa princesse, d'une dame de compagnie pour une souveraine impérieuse et puissante dont il faudrait satisfaire à tous les désirs. Ce charisme de Charlotte, les voisins, les parents de ses petites élèves le ressentent également. Bientôt, l'école devient un foyer d'opposition bonapartiste qui n'échappe pas au chevalier de Bancenel.

Royaliste, il devrait sévir. Mais Charlotte, sans doute, lui a plu. Cette fille de rien à la magnifique chevelure brune, belle comme le péché, qui dans sa petite robe translucide lui parlait d'éducation et prétendait catéchiser ses ouailles, oui, l'avait ému. Indulgent, il laisse faire, quoique les sbires de sa police secrète municipale lui rapportent de longs conciliabules, des soirées outrageusement joyeuses aussi, au cours desquelles les demoiselles et leurs invités chantent à tue-tête des couplets séditieux. Leur voisin M. Salomon, maire du village de Bracon à côté de Salins, les demoiselles Thiébaud, tenant boutique à côté, quelques demi-solde nostalgiques du Consulat et de l'Empire, cela ne suffit pas à fomenter un complot contre la sûreté de l'État, mais fait tout de même une belle chorale :

Amis, il faut faire une pause,
J'aperçois l'ombre d'un bouchon,
Buvons à l'aimable Fanchon,
Chantons pour elle quelque chose.

Fanchon, c'était d'abord pour taquiner son amie que Charlotte en lançait le premier couplet, bientôt repris par la compagnie. La France entière, alors, connaissait le refrain :

Ah ! que son entretien est doux,
Qu'elle a de mérite et de gloire.
Elle aime à rire, elle aime à boire,
Elle aime à chanter comme nous,
Elle aime à rire, elle aime à boire,
Elle aime à chanter comme nous,
Elle aime à rire, elle aime à boire,
Elle aime à chanter comme nous,
Oui comme nous, oui comme nous !

Sous l'Empire, le général Lasalle prétendait avoir composé cette chanson, qu'il avait entonnée devant Napoléon Bonaparte au soir de Marengo… En vérité, elle était plus ancienne : œuvre d'un curé d'Ancien Régime, elle avait traversé les régimes et la royauté la tolérait, malgré sa douce impiété :

Fanchon, quoique bonne chrétienne,
Fut baptisée avec du vin,
Un Bourguignon fut son parrain,
Une Bretonne sa marraine.

À Salins, ces manifestations de bonne humeur se prolongeaient parfois tard dans la nuit, au grand déplaisir des voisins, qui ne comprenaient pas la complaisance de leur maire. M. de Bancenel était-il tombé amoureux ? Serait-on un jour débarrassé de cette goguette nocturne ?

Fanchon préfère la grillade
À d'autres mets plus délicats,
Son teint prend un nouvel éclat
Quand on lui verse une rasade.

Fanchon ne se montre cruelle
Que lorsqu'on lui parle d'amour,
Mais moi je ne lui fais la cour
Que pour m'enivrer avec elle.

Et il y avait toujours, la malice dans l'œil, un plaisantin pour brailler le couplet interdit de la fin :

Un jour le voisin La Grenade
Lui mit la main dans le corset,
Elle riposta d'un soufflet
Sur le museau du camarade.

Ces derniers vers, en particulier, réjouissaient Charlotte. Fanchon était farouche, en effet ; elle se réservait pour le mariage et malheur à qui prétendait la serrer de trop près. Bonne ou mauvaise stratégie, dans les temps libertins que traversait la France ? Charlotte n'aurait su répondre.

Dans les recoins de sa mémoire, de vilains souvenirs se terraient ; quelles complaisances, quelles compromissions fallut-il accepter pour survivre ? À Arnay, puis à Salins, n'avait-elle pas usé de ses charmes auprès des messieurs ? Une enfant imite toujours sa mère et quand celle-ci a pris des habitudes de libertinage, le moyen de préserver sa vertu ? Ah ! hommes, que votre concupiscence défie le bon sens, en vouant aux gémonies celles qui la satisfont, tandis qu'une morale dont vous faites si peu de cas porte au pinacle celles qui se refusent à vous !

Le sous-lieutenant Bonaparte avait-il seulement eu l'once d'un sentiment pour cette fille d'Auxonne qu'il n'avait connue qu'un soir, le temps d'une étreinte ? Lectrice de Rousseau, mais aussi des romans à la mode qui soulignaient toute l'absurdité des convenances sociales,

Charlotte philosophait volontiers sur les mœurs, fût-ce dans son bain.

Son corps était pareil à la France, ouvert à tous mais donné à personne, et toutes les convulsions qui avaient révolutionné son être ne l'empêchaient pas de rechercher, avec passion, le fragile équilibre entre sécurité et liberté. Cette fois enfin, aux portes de Besançon, grâce à l'alliance autrichienne, elle pensait l'avoir trouvé. Le général-baron aviserait son état-major, la nouvelle parviendrait à la Cour de Vienne, où Marie-Louise et l'Aiglon manderaient certainement leur nouvelle parente. Quand bien même ils ne voudraient pas d'elle, il faudrait négocier, la loger en quelque château où elle aurait sa petite cour et ourdirait des complots, princièrement.

Telles étaient les pensées mélangées qui s'agitaient dans l'esprit joyeux de la jeune femme, aux portes de Besançon, dans le camp autrichien. Pour la première fois, Charlotte Chappuis, fille de la demoiselle Cattin de petite vertu et du sieur Chappuis le défroqué son époux, sentait en elle la force et la volonté de son véritable père, Napoléon Bonaparte, officier d'artillerie devenu Empereur des Français. Et tandis que Gert montait une garde sévère, la princesse impériale s'ébattait dans l'eau, joyeuse, presque heureuse enfin.

Or, en cette fin d'été 1815, le sort s'acharnait contre les napoléonides. L'Empereur, qui aurait voulu se réfugier aux États-Unis, avait dû se livrer aux Anglais. Lui qui était rentré de l'île d'Elbe l'année précédente partait maintenant pour l'un des rochers les plus isolés au monde, d'où il ne pourrait jamais revenir vivant : Sainte-Hélène, dans l'Atlantique sud. Ses frères, sœurs, gendres, anciens rois de Westphalie, Hollande, Espagne, Naples, grands-ducs de Berg et de Toscane, s'efforçaient de sauver leur peau. Et Charlotte, en son campement retranché devant Besançon, ne devait profiter que d'un bonheur fugace, tandis qu'à son insu œuvrait contre elle un ennemi sournois et redoutable : le vicomte de Novillars.

7

Un ultra

Récemment nommé sous-préfet de Baume-les-Dames, dans le Doubs, non loin de Besançon, le vicomte de Novillars lui aussi jouissait de sa position. Trop longtemps, les événements l'avaient tenu en marge de la société. Lui si bien né, descendant de la longue lignée des seigneurs de Novillars, avait dû vivre dans l'obscurité durant cette longue nuit de la Révolution et de l'Empire. Enfin la défaite de ces gueux ramenait l'aristocratie dans ses droits ; le roi, restauré, faisait appel aux gentilshommes de vieille souche pour le seconder dans le relèvement du pays et, tandis que ses cousins et collatéraux avaient mis leur épée au service de l'armée, de la marine, du corps diplomatique, lui, plus terrien, avait opté pour l'administration préfectorale, quoique celle-ci procédât d'une loi du 28 pluviôse an VIII.

Novillars eût certes préféré qu'on rétablît les provinces d'autrefois, au lieu de ces épouvantables départements de 1791, pour être nommé « Intendant du Roy » quelque part. Cela viendrait, sans doute, espérait-il ; les royalistes « ultras » ne dominaient-ils pas la nouvelle Chambre, par 350 sièges sur 402 ? Au point qu'on ironisait sur la « Chambre introuvable », au prétexte qu'on ne retrouvait pas une telle majorité dans le pays… Fadaises !

On prenait trop de précautions à la Cour, lui semblait-il, on ménageait à l'excès le reliquat de cette canaille révolutionnaire dont lui, sous-préfet, aurait volontiers débarrassé la France. Comme ce Fouché par exemple, ce régicide qu'un caprice de l'Histoire lui avait donné pour ministre et dont il venait de recevoir la dernière circulaire aux préfets et sous-préfets du royaume.

« Messieurs, expliquait Son Excellence M. le ministre de la Police générale, vos relations avec moi embrassent deux grands objets, le rétablissement de l'ordre public et la pacification du Royaume. Le Roi connaît l'étendue des souffrances de la nation ; tous ses efforts tendent à les soulager, mais nous ne pouvons obtenir de l'Europe une situation heureuse, aussi longtemps qu'elle ne verra pas dans la fin de nos agitations et dans l'opinion du peuple et du trône un gage certain de notre repos et du sien.

« La volonté du Roi est de jeter un voile sur les erreurs et les fautes communes : Sa Majesté a abandonné à la justice le soin de punir les attentats et les trahisons ; et pour ne pas laisser le soupçon s'étendre, elle a voulu désigner les prévenus et en limiter le nombre. Il y a donc sécurité pour tous ; nul moyen, nul prétexte d'inquiétude ou d'aigreur n'est laissé *à la malveillance.* Toutes les existences sont sous la garantie de la loi et sous l'égide d'un Monarque qui veut être le Père de tous les Français. »

Décidément, soupira le sous-préfet de Baume-les-Dames, nous sommes loin des édits de Saint Louis et des capitulaires de Charlemagne… Le roi était restauré sans doute, mais cette prose sentait encore sa phraséologie jacobine, avec ces idées de « nation » et de « peuple » là où un bon royaliste se serait contenté d'évoquer les « sujets du royaume ». La typographie même, rigide, austère, trahissait la toute-puissance d'une administration anonyme et glaçante dont le roi n'était plus guère que le paravent; l'abus des lettres capitales ne traduisait-il pas aussi un certain goût de l'emphase, sans compter cette volonté de contrôler même les consciences que laissait transparaître l'usage de l'italique pour souligner les instructions importantes?

« *La stabilité est le premier objet des pensées du Roi,* et des mesures qu'il a prescrites à ses ministres », insistait ainsi Son Excellence le duc d'Otrante, qui ajoutait: « *Toute réaction serait un crime puisqu'elle serait subversive de la stabilité;* elle troublerait le repos de l'État en détruisant toute confiance.

« Quand nous fléchissons sous le poids de l'Europe conjurée contre une ambition dont nous étions les premières victimes » – tiens, ricana le sous-préfet, Buonaparte sera content de lire cela quand la presse lui parviendra là-bas, à Sainte-Hélène –, « ayons au moins la consolation qu'il ne soit plus versé ni une goutte de sang ni une larme qui puissent nous être imputées. »

Des larmes, pourtant, il en coulait beaucoup à

Baume-les-Dames, où l'infortunée Charlotte se languissait en son cachot. L'armée autrichienne avait fait mouvement et le général Steininger ne pouvait enlever cette curieuse « fille de Napoléon » qui s'était présentée à lui. La Cour de Vienne n'ayant pas réagi, il avait bien fallu signaler le fait au royaume de France et c'est ainsi que Charlotte avait dû quitter sa tente pour une cellule à Baume-les-Dames.

Le général-baron, toutefois, n'avait pas voulu laisser sans protection la captivante captive dont tant d'indices laissaient supposer une haute naissance. Sens du devoir, mauvaise conscience, pitié ? Steininger fit tant et tant que le sous-préfet français, pour que Charlotte lui fût livrée, dut accepter qu'un soldat autrichien restât en permanence devant sa porte, assurant sa protection. Gert, évidemment, se porta volontaire.

Novillars, s'il n'aimait guère Fouché, ne ressentait autre chose qu'un immense mépris pour cette gourgandine qui, non contente de s'exhiber à demi nue dans les casernes autrichiennes, se voulait l'héritière de l'Usurpateur.

Au fond, se disait le sous-préfet royaliste, il serait plaisant qu'elle fût en effet la fille de Buonaparte, et les fonds secrets de la monarchie devraient même servir à lui fournir une escorte de truands et de prostituées, pareille à l'ancienne cour des Miracles, pour discréditer à jamais la folie d'une résurgence bonapartiste... Mais telles n'étaient pas les instructions du ministre de la Police générale.

« Le véritable devoir, *le vrai patriotisme* sont aujourd'hui de nous réunir en faisceau autour du Monarque, dont les lumières et les hautes vertus sont depuis longtemps éprouvées. Notre patrie, en reprenant son rang parmi les États de l'Europe, retrouvera dans sa fidélité une prospérité durable. »

8

Départ d'un ambassadeur

FOUCHÉ, EN SON MINISTÈRE, SENTAIT MONTER LA FATIGUE. SON Excellence le duc d'Otrante avait cinquante-six ans et, depuis plus d'un quart de siècle qu'il s'épuisait à maintenir l'ordre, dans un monde en plein chaos, il lui venait parfois de ces écrasantes crises de découragement. Oui, lui Fouché, l'homme de glace, la froidure personnifiée, quelquefois sentait en lui une pointe d'humanité malheureuse quand les nuits de veille et les tracas de haute police lui rappelaient la vanité de son surmenage. Il s'efforçait de vaincre cette faiblesse passagère, comme le ministre de la Police générale s'était toujours employé à faire taire toute dissidence, mais une sorte d'irrépressible amertume le saisissait alors, l'inclinant aux décisions les plus radicalement noires.

Les rapports préfectoraux s'entassaient sur son bureau, alarmants pour la plupart. Aux habituelles exactions des troupes étrangères s'ajoutaient celles des bandes inorganisées qui sortaient des forêts pour piller les villages. Dans le Midi, la « Terreur blanche » prenait des allures de guerre de religion : les protestants, qui passaient pour avoir favorisé la Révolution, fuyaient les groupes armés catholiques qui leur donnaient la chasse ; et d'excellents gentilshommes se vantaient d'avoir déculotté et fouetté des dames hérétiques, d'un martinet spécial dont les lanières se terminaient par une fleur de lys en fer, afin que l'emblème de la monarchie restaurée s'inscrivît profondément, jusqu'en la blancheur de leur intimité...

Décidément, les Français sont fous, songeait le ministre... Et maintenant, paraît-il, voici que des messies se lèvent pour reprendre le flambeau de la Révolution et de l'Empire. À Vienne en Dauphiné, dans le département de l'Isère, c'est un certain Mathieu Félix qui se fait passer pour Napoléon : un ancien militaire, un Piémontais qui abuse de son accent pour contrefaire le Corse et, avec succès, escroquer les braves gens qui le recueillent, le cachent, le nourrissent. De même à Bugey, dans l'Ain, un vagabond du nom de Jean-Baptiste Ravier se déclare lui aussi Bonaparte, échappé aux Anglais, préparant sa revanche. Dans les deux cas, malgré les risques, malgré la rareté des denrées et l'envolée des prix, les habitants apportent aide et assistance à ces empereurs en cavale, comme s'ils désiraient croire à ces grossières impostures, comme si la France des profondeurs, dans son ignorance des faits, dans son entêtement paysan, voulait à tout prix que l'aventure continuât et tournait le dos à son roi.

Félix est déjà sous les verrous, Ravier fait l'objet d'un avis de recherche. Et que dire de cette Charlotte Chappuis, qui va semer le trouble dans l'Est ? Le ministre se saisissait du dossier constitué par *Mutinus* quand l'huissier annonça la visite d'Élie Decazes.

— Excellence, commença le jeune préfet de police, avec une révérence un peu trop appuyée…

— Mon petit Élie, l'accueillit Fouché.

— Le roi m'a chargé de vous remettre ce pli…

Une imposante enveloppe cachetée à la main, Decazes s'avançait cérémonieusement. Le ministre, trop occupé, n'avait pas encore eu le temps de liquider ce courtisan trop adroit, dont il sentait qu'il faudrait se séparer bientôt. Mais ce garçon impassible et falot, si lisse et poli, était-il vraiment à craindre ? Fouché, d'humeur sombre, décida de le tourmenter un peu, histoire de le tester, avant d'entreprendre son élimination.

— Oui, oui… Encore un rapport déprimant, nous verrons plus tard…

— Je vous assure…

— Voyons, Élie, que vous inspire cette histoire de Besançon ?

— La fille de Napoléon ?

— Oui… Que feriez-vous d'elle, à ma place ?

— À votre place…

— Je veux dire : la considérez-vous comme un danger pour le régime ?

— Si c'est une folle, ou une mystificatrice, le danger pourrait sembler relatif… Pourtant, on a déjà vu dans l'Histoire des imposteurs soulever les masses. Les faux Sébastien, au Portugal… Les faux Dimitri, en Russie… Les faux Napoléon, aujourd'hui… Les peuples ont toujours du mal à accepter la fin d'une dynastie… La dévotion populaire se jette alors sur le premier bâtard qui passe, s'il peut prendre la tête d'une sédition.

— Bien ! Et si elle disait vrai ?

— Si, véritablement, elle était la fille de Buonaparte ? Bizarrement, il me semble que le péril serait moindre.

— Ah tiens, et comment donc ?

— Je ne suis guère versé dans la généalogie, mais il est certain que les règles de succession fixées par le Corse, évidemment, ne laissent aucune chance de régner à une femme.

— En êtes-vous bien sûr ?

— Sauf erreur, la couronne impériale ne devait se transmettre que par ordre de primogéniture mâle… De père en fils, et par défaut la couronne serait allée aux frères et à leur descendance masculine, toujours par droit d'aînesse.

— Certes, certes… C'est bien ce que prévoit le sénatus-consulte du 28 floréal an XII… je veux dire, du 18 mai 1804 : dévolution héréditaire de mâle en mâle, selon l'ordre de primogéniture avec collatéralité, à l'exclusion des femmes et de leur descendance.

— Et c'est pourquoi Buonaparte fut si heureux à la naissance du roi de Rome…

— Mais vous oubliez, ce me semble, le sénatus-consulte du 5 février 1813…

— Qu'est-ce à dire ? La régence ?…

— Oui ! quand Napoléon est parti conquérir la Russie,

son fils étant un petit enfant, il a été prévu la possibilité d'une régence de la mère pour son fils...

— Il s'agissait de Marie-Louise !

— Dans l'esprit de tous, en 1813, sans aucun doute. Mais le texte ne la nomme pas ; afin de présenter toutes les apparences de la légalité, il fixe une règle générale et impersonnelle : « Le cas arrivant où l'Empereur mineur monte sur le trône sans que l'Empereur son père ait disposé de la régence de l'Empire, l'Impératrice mère réunit de droit à la garde de son fils mineur la régence de l'Empire. »

— Donc...

— Donc cette Charlotte surgie de nulle part, si elle avait un fils, pourrait valablement prétendre pour lui à la régence impériale ! Fille aînée de l'Empereur, elle contesterait les droits du prince impérial, comme ceux des frères et neveux !

— Il faudrait vraiment tirer les textes...

Fouché soupira. Tirer les textes ! Il était donc stupide, ce petit Élie en qui il avait cru, ce gandin qu'il avait fait monter ? Lui, Fouché, avait-il fait autre chose, depuis la Révolution, que de tirer les textes ? On proclamait les Droits de l'Homme, il en tirait la Police générale ! On hurlait à la liberté, il en inférait l'oppression. Et le sénatus-consulte de 1804, n'était-ce pas non plus tirer les textes ? « Le gouvernement de la République est confié à un Empereur » : quel chef-d'œuvre ! Avait-on jamais, en droit, tordu la vérité avec autant d'aplomb, couvert l'abus de pouvoir avec un tel formalisme ? Drôle de république tout de même que celle-ci, confiée pour un temps indéterminé à un empereur déjà occupé à fonder une dynastie régnante…

Certes, si en 1804 Bonaparte avait su qu'il avait une fille, peut-être les règles de succession eussent-elles été différentes. À l'évidence, il avait depuis longtemps perdu de vue la catin d'Auxonne ; et quand celle-ci avait accouché, sous le Directoire, le père de l'enfant n'était pour elle qu'un jeune officier parmi d'autres, un client d'un soir qu'elle se souciait peu de retrouver à l'avenir.

Plus tard, elle comprit. À mesure que Charlotte grandissait et que s'affirmaient ses qualités d'intelligence et de jugement, sa mère se disait que l'enfant devait être éduquée en vue d'une haute destinée : de là sa fierté, ses sacrifices, de là sa confidence ultime, à l'article de la mort. De là un problème de plus à régler pour le ministre de la Police générale…

À ce stade de sa réflexion, Fouché ne parlait plus. Il ne conversait plus qu'avec lui-même, dans l'une de ces parties d'échecs qu'il avait coutume de jouer intérieurement. Peut-être cette Charlotte Chappuis mentait-elle, peut-être relayait-elle de bonne foi un mensonge de sa mère ; dans les deux cas, il fallait la neutraliser, pour ne pas laisser une Jeanne d'Arc bonapartiste sur les routes de France. Mais la tuer ? C'était fermer une porte, car soit elle disait vrai, soit son mensonge était plausible, et de ce fait, elle méritait d'être mise au secret un certain temps.

L'Aiglon, quasi mort-né, adolescent blafard et cafardeux, ne vivrait sans doute pas longtemps ; les frères et neveux de Napoléon ne seraient pas non plus éternels ; et si la monarchie vacillait à son tour, ne serait-il pas intéressant d'avoir sous la main une jolie petite régente à proposer au peuple ? Oui, cette Charlotte devait être mise au secret : une arrestation discrète, surtout pas de procès... Des oubliettes dont on l'extrairait en cas de besoin, le moment venu...

L'insistance du petit Decazes tira Fouché de ses pensées.

— Le roi m'a confié ce pli pour vous.

— Louis XVIII vous apprécie beaucoup, paraît-il.

— Sa Majesté sait reconnaître les talents, Elle l'a prouvé en vous distinguant.

Fouché ne détestait point la flatterie, du moins quand elle s'adressait à lui, mais il n'en restait pas moins sur la défensive.

— Le roi vous aurait appelé « mon cher fils », m'a-t-on rapporté !

— Rien ne vous échappe.

— Rien, non.

— Sauf peut-être la dernière nouvelle que contient ce pli... Sa Majesté vous nomme ambassadeur...

— Ambassadeur, moi ? Et où cela, s'il vous plaît ?

— À Dresde : permettez, Excellence, que je vous adresse mes félicitations...

— Dresde ? C'est une blague ? Mon petit Élie, je n'ai pas du tout le goût des plaisanteries...

— Dresde, capitale du royaume de Saxe. Vous partez, dès demain, y représenter la France...

— C'est une cabale ! on veut m'éloigner, pour me neutraliser ! Et qui, dans ces temps de folie, qui ose-t-on nommer ministre de la Police générale ? Quel est le paltoquet qui prétend tirer les ficelles à ma place ?

— Vous l'avez devant vous, Excellence... Sa Majesté a nommé son « cher fils »...

Ce qu'objurgua, en quittant son bureau, le nouvel ambassadeur de France en Saxe, l'Histoire ne l'a pas retenu et tant mieux ; rarement diplomate se montra aussi franc, direct et populacier que le duc d'Otrante en ce 26 septembre 1815, perdant le redoutable ministère de la Police générale pour une fantomatique ambassade égarée dans les brumes allemandes. Élie Decazes laissa passer la tempête, ignora les injures et les menaces, sachant bien qu'il n'avait plus rien à craindre de celui qui les proférait.

Dès qu'il serait à Dresde, Fouché aurait beau s'agiter, comploter, il ne contrôlerait plus le jeu. Bientôt les ultras du royalisme voteraient une loi contre les régicides qui lui ferait perdre aussi son ambassade, et jusqu'au droit de séjourner en France. Banni à jamais de son pays natal, il en serait réduit à visiter Otrante, ou toute autre ville étrangère qui consentirait à l'héberger pour y finir ses jours. Pour Fouché, la partie se terminait.

À moins de trente-cinq ans, Élie Decazes lui succédait ; ou plutôt, le comte Decazes, car Louis XVIII n'allait pas manquer d'anoblir son favori, lequel intriguait en outre auprès des Alliés pour décrocher, à l'étranger, un titre plus prestigieux ; par mariage, il obtiendrait ainsi un duché danois et se ferait appeler « Élie, duc de Cazes », ce qui valait bien le duc d'Otrante.

Le choix du roi n'était donc point mauvais. Decazes, c'était Fouché sans l'âge ni la souillure du régicide. Pour le reste, même froideur, même efficacité, même intelligence manœuvrière ; et à peine avait-il pris place dans le fauteuil ministériel que Son Excellence reprenait à son compte les calculs de son ancien patron concernant la prétendante bonapartiste. L'huissier qu'il sonna lui présenta ses compliments, l'assurant ainsi de sa soumission. La continuité de l'État sortait indemne de cette passation de pouvoirs un peu brusque, et la nouvelle Excellence prit sans effort le ton d'un ministre de la Police générale en demandant :

— Faites-moi appeler *Mutinus*.

9

Enlèvement

À L'AUTOMNE 1815, GERT N'EST PLUS L'INFLEXIBLE SENTINELLE d'autrefois. Au voisinage de Charlotte, le soldat s'est adouci, la vie lui paraît plus légère. Seul Autrichien de Baume-les-Dames, il ne porte plus l'uniforme ; loin de sa hiérarchie, loin des soudards sur lesquels, depuis si longtemps, il s'était habitué à régler sa conduite, le Tyrolien découvre, au soir de son existence, les charmes de la liberté.

Liberté relative car il doit assurer ses factions, quand il ne subvient pas aux mille besoins de sa protégée. Mais cette petite prison dont il assure la garde lui semble un havre de bonheur et de paix au milieu de cette France dévastée. Charlotte chantonne, mange de bon appétit, lui donne ses ordres avec une bienveillance toute napoléonienne. Il est fier d'assurer à lui seul la sûreté de cette personne de qualité, tel Roustan, le mamelouk de l'Empereur, dont on assure qu'il dormait devant la porte de son maître.

La garde de Gert, tout aussi assidue, se fait toutefois moins méfiante. Baume-les-Dames est une petite ville, où les distractions sont rares, et les commérages ont tôt fait de propager la nouvelle : une fille de Napoléon est là en résidence surveillée, son garde du corps autrichien tolère les cadeaux et visites…

De fait, le cachot de Charlotte est très vite submergé de lettres, bouquets, paniers de victuailles, tandis qu'un peuple de quémandeurs demande audience à la princesse impériale.

En ces temps de troubles, elle représente un espoir. Les Français murmurent ; et puis, se disent-ils, que serait-il resté de la Révolution, si Bonaparte n'en avait consolidé les acquis ? Rien : une jacquerie sans lendemain, bientôt écrasée par toutes les monarchies d'Europe, bien décidées à mettre un terme au scandale. Tandis que le Consulat et l'Empire ont renforcé, puis exporté les idées révolutionnaires. Le retour des Bourbons, les exactions de leurs « Alliés », rendent de nouveau sympathique cet homme qui a culbuté vingt royaumes et redessiné la carte de l'Europe…

Gert, débonnaire, laisse venir. La solitude n'est pas bonne pour une jeune femme aussi vive, et ces amis, ces cousins, ces visiteurs qui se succèdent apportent un peu de joie et de chaleur dans son réduit obscur. Des agents bonapartistes, des vétérans en demi-solde, des comploteurs ? Gert n'y croit guère, contrairement au très vindicatif vicomte de Novillars. Par lettre du 10 octobre 1815, le sous-préfet de Baume-les-Dames alerte sa hiérarchie :

« Monsieur le Préfet,

« J'avais eu l'honneur de vous prévenir, il y a plusieurs semaines, de l'arrivée dans cette ville d'une espèce d'aventurière, amenée par un officier autrichien, s'étant annoncée comme fille naturelle de Bonaparte et dont tous les détails vous sont suffisamment connus par les plaintes et les contes du général Steininger.

« Jusqu'actuellement l'on avait fait l'honneur à cette *princesse* de placer un militaire de planton à sa porte. J'avais engagé plusieurs fois le général Steininger à me débarrasser de ce précieux dépôt; il avait toujours différé sous prétexte d'ordres supérieurs qu'il attendait. Lors de son dernier passage ici, j'ai insisté de nouveau pour qu'elle reçoive l'autorisation de nous débarrasser de sa présence. [...] Le général Steininger vient de me renvoyer quelques papiers insignifiants appartenant à cette demoiselle, contresignés de lui. Je les conserverai.

« N'est-il pas temps de mettre un terme à l'espèce d'importance qu'on a mise à cette affaire? Dois-je m'occuper d'elle? Puis-je fermer les yeux sur son départ? Ne dois-je pas même le favoriser secrètement? M. le général Steininger voulait m'en faire la remise, mais *verbalement.* Je n'ai pas cru devoir l'accepter. Les opinions de cette princesse sont très exagérées; je présume que c'est une partie importante dans le rôle de la comédie qu'elle veut jouer. Au surplus je ne la crois personnellement nullement dangereuse, mais son roman entretient parmi les personnes qu'elle voit des idées qui, toutes détestables qu'elles soient, ne se rencontrent que trop parmi les matadors de la bicoque que j'habite. Je serai donc fort aise que vous nous en débarrassiez.

« J'ai l'honneur d'être avec une très grande considération,
Monsieur le Préfet,
Votre très humble et très obéissant serviteur.
V. de Novillars »

Gert, quant à lui, ne songe guère à ce qui peut se tramer dans les hautes sphères. Aussi ne se méfie-t-il pas, au soir du 11 octobre 1815, quand il voit s'approcher tout sourire un petit homme rond qui manifeste l'intention de lui parler confidentiellement. Encore un de ces irréalistes Français qui ont la nostalgie de l'Empire, un intrigant ou un curieux qui voudrait présenter ses hommages à la princesse Charlotte… Gert s'incline donc pour entendre les chuchotis du visiteur ; un coup de matraque plombée lui fend littéralement le crâne.

— Vite, intime *Mutinus* à trois sbires qui s'engouffrent dans la cellule.

Et tandis que Gert expire à terre, Charlotte, entravée, bâillonnée, est emportée dans un fourgon de la police secrète.

10

Bellevaux

LE 12 OCTOBRE 1815, NOUVEAU COURRIER DU VICOMTE DE Novillars au préfet du Doubs, « relatif à Mademoiselle Chappuis se disant fille naturelle de Bonaparte (Napoléon) arrivant avec la présente », et assurant que l'amie de celle-ci, Fanchon sans doute, a brûlé des documents avant que l'appartement des deux jeunes femmes soit perquisitionné. Un accusé de réception daté du 13 octobre 1815 certifie qu'à cette date le préfet est en possession de quelques lettres de famille et de la « demoiselle Chappuis qui a été conduite à Besançon ». Voici Charlotte prisonnière d'État.

Dès le lendemain pourtant, un allié se manifeste. Celui-ci n'a ni couronne ni équipage, pas d'autre armée qu'un garde champêtre, mais son bon cœur parle pour lui : c'est le maire de Salins, qui tient à sa jeune institutrice et n'hésite pas à intervenir en sa faveur. Lui, au moins, ne peut être soupçonné de bonapartisme. Tandis qu'il implore la clémence du sous-préfet, l'édile tente de moraliser sa protégée, comme en témoigne son émouvante et paternelle missive du 14 octobre :

« J'adresse, par ce même courrier, Mademoiselle, une demande à M. le sous-préfet, pour votre retour à Salins. J'y rends justice à la conduite circonspecte, prudente et décente que vous y avez tenue ; je me charge volontiers de votre surveillance et vous me trouverez toujours dans les dispositions de la plus sévère justice.

« Je n'ai point l'intention, Mademoiselle, de blesser votre amour-propre, en vous disant que vous vous êtes attiré les malheurs qui vous accablent depuis 3 mois, il faut se résigner à son état et ne pas se raidir contre celui que la providence nous dispense ; qui veut sortir de sa sphère s'élève un instant, sa chute n'en est que plus dangereuse.

« Si vous revenez à Salins, Mademoiselle, je vous invite, à part la petite imprudence que vous vous reprochez sans doute, à avoir, constamment, la même conduite que vous avez eue.

« Recevez, Mademoiselle, l'assurance de ma parfaite considération. »

François de Bancenel, pourtant, s'enorgueillit d'avoir chassé les filles publiques de Salins. Fier de son titre de chevalier, c'est un homme d'ordre et de vertu qui interdit de « pétuner » dans les rues de sa ville, c'est-à-dire de fumer du tabac, herbe qu'il juge démoniaque. Un vigneron ose-t-il lui manquer de respect en continuant de fumer alors qu'il le croise ? Il brise sa pipe d'un coup de canne, pour apprendre au maraud à saluer son seigneur et maire ! Pur royaliste, mais de l'ancien temps, Bancenel ne poursuit nulle vengeance contre l'Histoire. En gentilhomme, il tente de secourir la jeune fille en danger qui a ému son cœur.

Or, les temps ont changé. Il ne suffit plus d'être un preux paladin et d'aimer, car le chevalier est à l'évidence amoureux de Charlotte. Il a beau se démener pour elle, écrire aux autorités, couvrir avec une mauvaise foi superbe les turpitudes de la charmante demoiselle, le maire de Salins, tout aristocrate qu'il soit, n'aura pas gain de cause. Royauté ou non, le pouvoir appartient maintenant à la machine administrative qui, implacablement, actionne ses rouages. Et de Besançon, le 15 octobre 1815, le préfet du Doubs peut confirmer au ministre que la mystérieuse fille de Napoléon est maintenant coffrée pour longtemps :

« Monseigneur,

« Il y a environ deux mois, une intrigante appelée Chappuis s'est fait passer pour la fille naturelle de Buonaparte. Elle est venue se mettre sous la protection du général Steininger, commandant [le] blocus de Besançon et de Salins. Elle est venue à Novillars. Le général l'a retenue quelques jours puis envoyée à Baume avec un factionnaire auquel il donna pour consigne de ne point la perdre de vue.

« Jusque-là une intrigue de la plus misérable espèce qui ne méritait seulement pas l'attention de l'autorité.

« Mais pendant son séjour à Baume, elle a vu quelques personnes et comme elle ne manque pas d'esprit et qu'elle a la tête fort exaltée, elle a exercé sur elles une influence nuisible.

« Le général Steininger est parti. Il a remis Chappuis *verbalement* à la disposition de l'autorité civile.

« Nul doute qu'elle ne fût devenue à Baume un foyer de sédition.

« Le Préfet l'a fait enfermer à Bellevaux, établissement mixte qui sert à la fois de dépôt de mendicité, de dépôt pour les femmes condamnées et de maison de détention pour les filles publiques.

« Elle y est traitée avec quelque égard, logée dans une chambre séparée et confiée à la garde des sœurs. »

Ironie de l'Histoire, c'est Napoléon lui-même qui, par décret du 5 juillet 1808, a exigé la création d'un dépôt de mendicité dans chaque département ; lui encore qui, par lettre datée du « camp impérial de Schönbrunn, le 29 août 1809 », a transformé l'ancien hospice du Bon-Pasteur, à Besançon, en maison de force départementale.

« Nous, Napoléon, Empereur des Français, Roi d'Italie, et Protecteur de la Confédération du Rhin ; nous avons créé et créons par les présentes, dans les bâtiments de la maison de Bellevaux, située à Besançon, un dépôt de mendicité pour le département du Doubs. »

L'article 8 dudit décret, en particulier, traduit en termes nets la morale sévère de l'Empire : « Tous mendiants conduits au dépôt de mendicité y seront écroués en vertu d'une décision du préfet, constatant le fait de la mendicité : ils y seront retenus jusqu'à ce qu'ils se soient rendus habiles à gagner leur vie par le travail, et au moins pendant une année. »

Charlotte quant à elle n'a jamais mendié un décime, sa fierté s'y oppose et son charme l'en dispense ; mais elle ne travaille plus et l'administration n'a pas d'autre prétexte à invoquer pour la claquemurer à Bellevaux. Prétendante bonapartiste ? Le point n'est pas même évoqué dans les motifs de son incarcération ; pourtant, il faut bien que le mobile de cette détention arbitraire soit politique, puisque, là encore, la demoiselle Chappuis a l'honneur tout relatif d'une cellule individuelle. Ainsi ne risque-t-elle pas de trouver des adeptes, de recruter des partisans parmi la plèbe enfermée là ; au moins évite-t-elle l'affreuse promiscuité des asiles de son temps ; mais, seule en sa geôle humide, n'entend-elle pas les râles et les gémissements du petit peuple de damnés qui vit tout près d'elle ?

Filles-mères et prostituées rongées de maladies vénériennes, enfants rejetés par leur famille, déments, furieux, incurables, tout ce que réprouve la société se retrouve là, grouillant, expirant, sur les rives du Doubs, à se morfondre derrière ces hauts murs de pierre dont on ne s'évade pas. Dans cet égout social dont le seul but est de purger les rues de la cité macèrent plus de trois cents malheureux, hommes et femmes séparés, sous la houlette des sœurs de la Charité de Saint-Vincent-de-Paul.

Charlotte, privée de sa liberté, doit encore subir les sermons de cette congrégation. Sœur Élisabeth Bouvard, la mère supérieure, s'est assigné pour mission de la moraliser. Or, si la prisonnière impériale reçoit avec un doux sourire les bons conseils du maire de Salins, c'est avec toute la vigueur de sa jeunesse qu'elle repousse les intrusions des sœurs dans sa cellule.

Les Commandements, le Christ, l'Évangile ? Elle a toujours vécu sans, elle n'y croit pas, elle n'en veut pas. Qu'on lui rende plutôt son amie Fanchon, dont elle est sans nouvelles, comme en témoigne une lettre portant la mention « Pressée », qu'elle adresse à M. Salomon, maire de Bracon à côté de Salins.

« Monsieur,

« Pardon de l'ennui que je vous donne mais ayant écrit deux fois, je suis extrêmement inquiète de ne pas recevoir de réponse, veuillez Monsieur m'écrire deux mots vous-même en cas que Fanchon soit absente ou malade, je ne puis souffrir l'incertitude sur le sort d'une personne à laquelle je suis attachée. Je serais tranquille si j'étais sans inquiétude sur son silence. Il faut de la patience, je la crois l'unique remède aux malheurs que j'éprouve. Veuillez lui faire part de cette lettre et qu'elle ne diffère pas à me donner de ses nouvelles. Comme je ne puis prévoir qu'est-ce qui occasionne ce silence, je vous prierais Monsieur de bien vouloir m'écrire par le prochain messager que je sache si elle est morte ou vivante. Elle sait combien je dois être tourmentée, ignorant absolument ce qu'elle fait. Lorsque je le saurai je serai plus calme, elle connaît ma situation, rien ne me manque que la tranquillité d'esprit. Il est vrai que c'est la principale chose mais le temps peut la faire recouvrer avec la patience.

« Vous aurez la complaisance d'adresser votre lettre à

M. Seguin pour [me] la remettre. Je ne désire simplement que d'avoir de ses nouvelles et je serai plus affectée qu'on ne peut le croire si je n'en reçois pas, car mon imagination grossit peut-être les objets mais c'est une suite de chagrins que j'éprouve. De grâce, Monsieur ne laissez pas passer cette semaine sans me faire parvenir un mot pour me tranquilliser, il serait difficile d'être plus inquiète. [...]

« Il me reste à vous prier d'agréer mes remerciements de la liberté que je prends mais j'ai cru devoir m'adresser à un voisin qui est à même de voir tous les jours la personne dont je suis inquiète et peut facilement m'instruire de ce qu'elle fait. C'est la seule chose que je désire savoir.

« J'ai [l'honneur,] Monsieur, de vous saluer avec reconnaissance. »

Charlotte signe de ses initiales et ne peut s'empêcher d'ajouter en post-scriptum : « J'attends mercredi une réponse, vous aggraveriez sensiblement mon inquiétude si vous différiez davantage. »

Cette lettre, qui gît dans le dossier de la prisonnière, n'a pu sans doute parvenir à son destinataire ; le mystérieux « Seguin » qui sert d'intermédiaire s'est-il fait prendre, a-t-il de lui-même transmis la missive aux sœurs de la Charité ? Ce témoignage de détresse est le premier d'une longue série qui jalonne la détention de Charlotte.

Ainsi, le 16 octobre, la prisonnière écrit-elle à « Mademoiselle Marguerite Thiébaud marchande demeurant à Salins », mais l'enveloppe porte cette mention presque illisible, comme griffée à la hâte dans un recoin du pli :

« J'ose prier Mlle Thiébaud de remettre ceci à Mlle Lamy, elle obligerait celle qui a l'honneur d'être Ch. Chappuis. » Si un cachet rompu révèle qu'une goutte de cire fondue est venue sceller ce courrier privé, l'absence de toute marque postale indique bien la clandestinité de l'acheminement : sans doute ce billet de petit format se trouvait-il glissé dans une correspondance commerciale, ou un paquet de denrées adressé du couvent à la boutique des demoiselles Thiébaud, parmi les légumes et friandises qu'elles revendaient au détail.

« Ma chère amie,

« Je sais tout, sœur Élisabeth m'a tout dit, mais soyez tranquille il n'en résulte aucun changement dans mon sort, il se pourrait fort bien que je passasse l'hiver ici. Croyez-moi prenez un quartier moins cher, surtout soignez votre santé, vous savez si elle m'est précieuse. Si je vous perdais j'aurais bientôt cessé d'exister. Si celle-ci vous parvient vous signerez deux fois celle que vous m'écrirez, ça m'en instruira. Il est inutile que vous m'envoyiez quelque chose, conservez pour quand je serai auprès de vous. M. le comte d'Artois[1] arrive bientôt à Besançon, tâchez d'avoir quelqu'un pour lui parler. Si vous ne receviez pas mes lettres il ne faudrait pas vous inquiéter, vous savez que j'éprouve de la difficulté à vous les faire passer, on voudrait même que je vous écrivisse de ne plus compter sur moi. Ô ma chère amie quoi qu'on vous dise, vous connaissez

1. Frère du roi, futur Charles X.

[comme] moi ma situation. Et enfin l'innocence n'a rien à redouter. Il faut du temps, de la patience et de l'espérance. Ô si j'étais tranquille pour vous j'aurais du courage. On envoie quelquefois des paquets aux demoiselles Thiébaud, je profiterai de cette occasion pour vous faire savoir de mes nouvelles au moins tous les mois, mais des vôtres, quand en recevrai-je ? Écrivez-moi au moins tous les quinze jours. [...]

« Ne vous mettez pas dans l'embarras en conservant plus longtemps le logement où vous êtes. Écrivez-moi d'abord, que je ne doute pas plus que vous vivez que je ne doute que vous m'aimez. [...] Je vous écris trop à la hâte. Eh bien quelques mois prenons patience, ils s'écouleront ; j'aurai le bonheur d'avoir connu une personne qui m'était attachée. La plus grande preuve que vous puissiez m'en donner aujourd'hui c'est de vous conserver pour moi car à l'instant où je vous perdrais je n'y survivrais pas. Rangez-vous donc tranquillement dans une chambre et ayez soin de ce qui m'appartient. Vous entendez, c'est vous qui m'appartenez.

« Veux-tu savoir ? La sensibilité de cœur c'est sur toi tendre amie qu'elle est toute concentrée, j'aimerai cette fois celle qui me paye d'un si tendre retour. Existe donc pour ce cœur qui t'apprécie.

« Surtout ne vous dépouillez de rien pour moi, tout m'est inutile ici, hors de vos nouvelles. J'en attends la semaine prochaine, ensuite je patienterai quinze jours. Lorsque je saurai que vous êtes tranquille je le serai moi-même. Quant à vous, vous savez comme je suis ici, n'ayez donc aucune inquiétude. Dites aux demoiselles Thiébaud que c'est votre sœur qui fait parvenir mes lettres sous leur adresse à ce que vous croyez. Songez que je pense à vous, aspire au moment où nous ne nous quitterons jamais et que si vous perdiez votre santé, par le chagrin vous causeriez ma mort. Le déménagement va vous occasionner bien de l'ennui mais il est indispensable. Combien je voudrais vous sentir aussi bien que moi cet hiver. C'est peut-être la dernière fois que je vous écris librement, je réitère donc : soyez sans inquiétudes quand même vous n'entendriez pas parler de moi, et dites : Je me conserve pour elle, tant que j'existerai, elle aussi.

« Je vous embrasse mille fois.

« Ma lettre pour vous seule – elle est trop mal écrite. »

Et c'est d'une pincée de poussière dorée qu'elle sèche sa signature, Ch. Chappuis, qui scintille encore aujourd'hui, infime lueur d'espérance qu'alluma la perspective d'une correspondance secrète, et qui deux siècles plus tard reste l'unique pétillement gai de cette littérature carcérale.

Le 3 novembre, nouvelle lettre « pressée » à Fanchon, *via* l'ami Salomon. Elle n'arrive pas plus que la précédente à destination, mais nous renseigne sur l'état d'esprit de la captive après trois semaines d'enfermement.

« Ne montrez pas ma lettre, à personne », prévient-elle en haut d'une feuille de papier de Hollande joliment filigranée, qu'elle a dû dérober. Car cette lettre est évidemment clandestine. Pliée en huit, elle a pu être dissimulée dans un livre, un objet, ou bien une autre lettre d'apparence anodine.

« Les dix jours sont écoulés, je ne vois pas d'apparence de sortir d'ici, c'est une erreur de croire que je puisse y rester davantage, qui connaîtra mes principes, mon caractère, peut prévoir les fâcheuses suites qu'il y aura si je n'en suis promptement tirée. M. le Préfet me fait traiter avec toutes sortes d'égards mais il n'empêche pas que je n'y puisse vivre, je ne suis plus cette femme qui croyait son courage à l'épreuve depuis que je vis avec des religieuses, il est évanoui, elles parviendront facilement à anéantir toutes mes facultés si je demeure chez elles encore 15 jours, je n'existerai plus. Combien je suis fâchée de n'avoir pas suivi ma première idée qui était de me remettre sous la sauvegarde de M. de Bancenel, j'avais peine à croire qu'il voulût nuire à une jeune personne qui n'a pris jamais aucune part aux divisions intestines, qui ne fit ni ne voulut de mal à qui que ce soit. »

Suit un grand espace blanc, comme si elle laissait la place à un « Chère Fanchon » que la prudence lui conseille de censurer, et la lettre se poursuit sur ce même ton désespéré : « Ne m'envoyez rien, si l'on vous faisait demander quelque chose dites que vous n'avez rien à moi, si vous m'écrivez adressez vos lettres sous enveloppe à sœur Élisabeth Bouvard. Je doute que l'on ose ouvrir mes lettres, mais dans l'incertitude écrivez en conséquence. Si vous n'avez pas l'espérance de me retirer des mains de ces [mégères] ne me faites rien savoir, je veux sortir d'ici ou mourir, quelle reconnaissance n'en devrai-je pas à ceux qui m'en arracheront, je doute que ma vie entière puisse suffire pour la leur témoigner, soit prévention ou autres choses rien ne m'y manque mais je n'y puis m'y souffrir. Comme l'autre monde est l'unique occupation de ce séjour je suis tentée de l'aller voir, s'il faut que j'habite celui-ci, je ne vous écris plus c'est inutile, parlez à M. D. B.[1] savoir ce qu'il en pense, mandez-le-moi, vous n'avez besoin de nommer personne, vous m'avez dit qu'il m'avait écrit, s'il le fait encore vous pourrez mettre sa lettre dans la vôtre, assurez-le combien je suis touchée du désir qu'il a de me servir. »

Charlotte n'écrit pas « de m'aider », qui serait infiniment plus juste, mais reviendrait à la placer en position d'infériorité. Qui vient à son secours est là pour la « servir », comme on met son épée au service d'un souverain. Enfermée, désespérée, la jeune fille en pleurs demeure princesse impériale, non moins estimable que son père putatif en sa maison de Longwood, à Sainte-Hélène. Comme elle est loin des conseils de sagesse dispensés par le maire de Salins, notre princesse Charlotte, conseils qu'elle n'a sans doute jamais reçus d'ailleurs, puisque la lettre figure parmi les autres pièces de son dossier, comme si elle avait été interceptée et livrée aux services compétents.

De même la lamentable épître à son amie Fanchon est de toute évidence tombée dans les mains de la mère supérieure, sœur Élisabeth Bouvard, qui l'a divulguée au préfet.

Mais Charlotte est fine, rusée même. A-t-elle seulement

1. M. de Bancenel.

cru au succès d'une correspondance clandestine, ou bien a-t-elle pensé obtenir l'adoucissement de son sort en laissant intercepter ses pensées de suicide ?

Fanchon, quant à elle, apparaît tout aussi hagarde de son côté. Clairement, elle n'a aucune nouvelle de son amie Charlotte, comme en témoignent deux lettres qu'elle rédige à Noël.

La première s'adresse à « Mme Seguin », l'épouse du Seguin plus ou moins magistrat ou fonctionnaire à qui Charlotte s'était adressée en vain. « Madame », commence Fanchon, et ce mot s'étale sur une demi-page, comme si l'humble couturière sollicitait une grande dame de la cour. Or, tout en faisant assaut de déférence et de soumission, la jeune femme laisse une belle pièce de littérature épistolaire, témoignant d'une belle maîtrise de la langue.

« Recevez mille excuses de la hardiesse que je prends de vous écrire, je réclame d'avance votre indulgence. L'incertitude où je suis sur le sort de Mlle Chappuis m'a décidée à m'adresser à vous pour vous prier de me donner quelques détails sur son sort. Sera-t-il adouci, sera-t-il bientôt changé ? Veuillez Madame me dire ce que Monsieur votre mari en pense, s'il y aurait quelque démarche à faire et à qui et quelles démarches faudrait-il tenir. Plusieurs personnes de considération s'y intéresseraient si elles savaient comment il faut s'y prendre. Une dame d'ici qui m'a toujours témoigné beaucoup d'amitié a une sœur qui a une maison de commerce à Lyon où elle désirerait placer Mlle Chappuis si on espérait qu'elle soit bientôt libre.

Ayez Madame la bonté de prendre quelques conseils et de m'en faire part. Vous ne serez jamais compromise si vous avez la bonté de me répondre comme je l'ose espérer. Ne vous signez et point de date et adressez-la à Mlle Victoire Franchequin, rue des Vallons, n° 6.

« Vos bonnes qualités et surtout votre sensibilité me font espérer que vous vous intéresserez au sort de deux infortunées qui en conserveront une éternelle reconnaissance.

« Veuillez Madame, agréer les sentiments respectueux avec lesquels j'ai l'honneur d'être

Votre humble et très obéissante servante

F... L... y»

« Veuillez, Madame, mettre en main propre cette petite lettre ci-jointe. Je n'affranchis pas cette lettre pour qu'elle vous parvienne plus sûrement. »

Hélas, la lettre à Charlotte qui accompagne cette supplique n'arrivera pas à sa destinataire : le couple Seguin n'entre décidément pas dans le jeu des correspondances secrètes, et c'est sur le bureau de sœur Élisabeth Bouvard ou d'un indiscret *Mutinus* qu'échoue ce courrier plein d'amour, rédigé en ce triste jour de Noël 1815 que Fanchon passe seule et sans ressources :

« Mademoiselle,

« Depuis longtemps j'attends de vos nouvelles. J'espérais en recevoir ces jours-ci mais mon espérance est sans fruits. Enfin je n'y tiens plus, je passe les jours les plus affreux ! Un mot, un simple mot de votre main mettrait une fin à mon tourment, tranquilliserait mes jours ! Hélas, n'est-il déjà pas assez pénible d'être séparées l'une de l'autre pour nous priver de la jouissance de savoir si nous sommes vivantes ou si nous sommes malades. Employez tout pour que je reçoive des nouvelles de votre santé. Ha ma tendre amie, l'idée que vous êtes malade vient m'assaillir à chaque instant. Enfin jour et nuit j'en suis tourmentée. Malgré toutes ces peines la providence veille sur ma santé, elle est très bonne, tranquillisez-vous. Je serais bien contente si je savais que la vôtre est aussi bonne. [...]

« Recevez l'assurance de mon parfait dévouement. Je vous embrasse comme je vous aime.

F... L... y »

Le 5 avril 1816, nouvelle tentative de Charlotte en direction de Salomon, maire de Bracon. L'écriture est fiévreuse, anormalement irrégulière, avec ratures et pâtés traduisant l'état de nerfs de la séquestrée.

« Monsieur,

« Je prends encore la liberté de vous adresser mes lettres, persuadée qu'elles parviendront plus sûrement. Depuis cinq mois je n'ai reçu aucune nouvelle et j'ignore si Fanchon est à Salins actuellement. L'on m'a permis d'écrire et dans le doute si elle y est c'est sur votre complaisance que j'ose compter pour recevoir une réponse. Je lui avais déjà demandé du linge, il m'est impossible de m'en passer plus longtemps ; je la prie de m'envoyer par le prochain messager une robe ou deux, des bas, un corset, des mouchoirs de poche, choses dont j'ai le plus besoin ou pour mieux dire qui me sont absolument nécessaires, aussi un peigne courbe ainsi que des chemises. [...] Si je ne reçois rien, que puis-je présumer sinon qu'elle est morte ? En amour de l'humanité, si elle ne peut me faire de réponse, n'y étant pas, ne me laissez pas dans l'incertitude. Quelque raidie que je sois contre le malheur je ne sais si je pourrais en supporter l'excès. Le combat est cruel entre le courage et le désespoir. L'affaiblissement de ma santé pourrait rendre ce dernier vainqueur, il faut une espèce de miracle pour que la bonté de mon tempérament puisse résister. Sans doute l'altération du moral entraînera le physique. Victime infortunée des circonstances, je n'ai paru à la vie que pour en connaître l'amertume. Ha si je devais être malheureuse mon sort est suffisamment rempli, je serai plus calme lorsque j'aurai des nouvelles. D'ailleurs il m'est de toute impossibilité de me passer des choses que je demande. Je voudrais aussi qu'elle me fît passer mon cahier de géographie, ne sachant aucunement le temps que doit durer ma détention. Je serais bien aise de l'avoir. Qu'elle prenne exemple sur moi et ne se laisse pas abattre. Sous un gouvernement pacifique on ne fera pas toujours gémir l'innocence.

« L'espérance doit nous soutenir, je suis confuse, Monsieur, de l'ennui que je vous donne mais je ne puis trop vous recommander de faire une réponse de bouche ou par écrit au messager. [...] Qu'elle se rappelle des dernières paroles que je lui ai dites, elle m'a promis de se conserver. Qu'elle ne me donne pas la douleur d'avoir causé sa perte.

Si elle est un peu de temps sans recevoir de mes nouvelles, elle ne doit pas s'en inquiéter; il est un terme à tout, je ne puis être toujours malheureuse? [...]

« Je l'embrasse, mille choses aux personnes qui s'intéressent à moi. Surtout, réponse si vous ne voulez mettre le comble à tous mes maux. Pardon, Monsieur, veuillez me croire avec toute la reconnaissance possible pour la vie Votre Dévouée C. Chappuis. »

Suivent de complexes instructions pour lui faire passer secrètement les messages, et une ultime politesse : « Vous trouverez sûrement, Monsieur, que j'abuse de votre complaisance mais je sais qu'il est doux d'être utile aux malheureux. J'use de la liberté que vous avez accordée de se servir de votre adresse. »

Pas plus que les précédentes, cette lettre n'a franchi les murs de Bellevaux. Charlotte, isolée, brisée, n'a d'autre choix que de subir la contrainte par corps et le temps qui passe. Arrêtée le 12 octobre 1815, elle gémit encore dans sa cellule plus de neuf mois plus tard, en juillet 1816.

Glacial l'hiver, le sinistre hospice devient étouffant l'été, quand la chaleur dont les reclus devraient pouvoir se réjouir les contraint à respirer les miasmes épais de leur prison. Avec ses trois cents pensionnaires jamais lavés, dont un quart d'insensés que plus rien ne rattache aux règles ordinaires de la vie sociale, il règne alors dans le dépôt de mendicité une épouvantable puanteur, concentré d'odeurs corporelles, de senteurs de latrines, de sanies infectes qui vous prennent à la gorge au point de vous oppresser la respiration. Dans ce cloaque, la princesse tombée se morfond, ayant perdu tout espoir. Même ce grand soleil qui brille par-delà les barreaux des fenêtres semble narguer Charlotte, retranchée des vivants, cloîtrée peut-être à jamais dans l'ombre de cette forteresse immonde.

Et puis la bonne nouvelle tombe, aussi imprévue et absurde que les calamités qui depuis des mois l'ont frappée : elle est libre !

Ses amis, car elle en a de fidèles, activés par son magnétisme même en son absence et loin d'elle, ses amis n'ont pas fait en vain le siège de la préfecture. Le 25 juillet 1816, le comte de Scey, préfet du Doubs, lui notifie sa libération et Charlotte, ouvertement cette fois, lui adresse un courrier rassurant :

« Monsieur le Comte,

« L'on vient de me faire part que vous me permettez de partir demain, les salutaires avis que m'ont donnés ces dames ont fait changer mes dispositions, elles veulent bien s'intéresser pour moi et me placer dans une maison d'éducation. Comme je ne veux plus me mêler de tout ce qui a rapport au gouvernement je crois qu'il est plus avantageux que j'aille dans un pays où cette aventure est ignorée. Je pourrai être alors une femme toute nouvelle. J'espère, Monsieur, que si mon nom vous parvient il sera accompagné de l'éloge de ma tranquillité. Comme il faut une huitaine pour avoir la réponse, je vous demanderai la permission de les passer ici. Les personnes qui veulent bien prendre intérêt à moi s'en chargent, la maison en est déchargée.

« Si cependant vous vouliez que je quitte votre département, je profiterais de l'occasion, mais comme je veux mettre autant de prudence dans ma conduite qu'il y a eu d'imprudence, je crois que vous ne désapprouverez [pas] la résolution que j'ai prise de la régler d'après les sages conseils que l'on veut me prodiguer.

« Veuillez, Monsieur, accueillir mes remerciements pour la liberté que vous voulez bien me rendre et surtout pour l'usage que vous m'avez appris à en faire. J'espère que vous me donnerez la permission de me faire partir la semaine prochaine pour la nouvelle destination qu'on va me procurer.

« Recevez, Monsieur, l'assurance du profond respect avec lequel j'ai l'honneur d'être,

Monsieur le Comte,

Votre obéissante,

C. Chappuis »

Repentante en apparence, la fille de Napoléon n'a toutefois pas changé de caractère et sa plume ne peut retenir l'inévitable post-scriptum qui embrouille tout : « Je préférerais partir que de rester prisonnière mais j'espère qu'en m'accordant la permission de séjourner ici, ce sera avec ma liberté. Veuillez faire part de votre volonté, je l'attends pour savoir ce que je dois faire. »

Magnanime, le comte de Scey signe le 29 juillet un arrêté d'élargissement : « La demoiselle Charlotte Chappuis se rendra à Salins, département du Jura, lieu de son précédent domicile, pour y résider sous la surveillance spéciale de M. le maire. » Un capitaine de gendarmerie est chargé de l'exécution de cette mesure : c'est donc entre deux cavaliers coiffés de leur bicorne qu'elle retourne chez elle, sans entraves cette fois, puisqu'elle est censément libre.

Enfin, Charlotte revoit Fanchon, les deux amies s'embrassent, après dix mois de séparation agités de mortelles inquiétudes. Charlotte pourrait à bon droit se lamenter, récriminer, mais si elle pleure, c'est de joie.

La liberté ! La précieuse, l'inestimable liberté, enfin retrouvée ! Un bon bain chaud, mousseux à souhait, pour se débarrasser à jamais de la crasse de Bellevaux, et revoici la Charlotte enjouée de naguère, reprenant en main son petit empire de Salins : sa pension, sa Fanchon, la troupe de ses élèves dont il faut préparer la rentrée, et surtout son bon peuple d'admirateurs, que tant d'aventures impressionnent.

Par un curieux clin d'œil de l'Histoire, ce retour va durer autant que celui de son père : Cent-Jours !

11

Inconséquente

Dès sa libération, le 29 juillet 1816, c'est-à-dire avant même qu'elle ait regagné Salins, Charlotte est signalée par le préfet du Doubs à son « cher collègue » du Jura, le chevalier de Coucy, à Lons-le-Saunier : « La conduite de la demoiselle Chappuis n'a pas laissé d'être assez inconséquente pour mériter à l'avenir l'attention de l'autorité, et quoique la peine qu'elle vient de subir paraisse lui avoir fait éprouver un amendement salutaire, je ne puis que la recommander à votre surveillance. »

Magnanime mais point naïf, le comte de Scey ne semble pas dupe des attitudes soumises qu'adopte l'incontrôlable Charlotte, et peut-être, par une lecture approfondie de son message, discernerait-on entre les lignes une vague culpabilité de faire un tel cadeau à son homologue du Jura. Celui-ci comprend bien qu'un vibrion de troubles vient se lover dans les terres confiées à sa haute sagacité ; aussi ne manque-t-il pas d'avertir son subordonné le chevalier de Brangès, sous-préfet de Poligny, dont Salins dépend.

L'implacable administration napoléonienne a survécu au

changement de régime, comme elle survivra aux suivants : car sa double organisation pyramidale et territoriale ne garantit-elle pas la solidité, la stabilité de l'État, surtout en période de grands chamboulements ? Qu'importe en réalité que les rapports de haute police convergent vers un roi, un empereur, un consul, un directoire exécutif, voire un président élu ? La surveillance reste la même, entre services coordonnés entre lesquels circulent des instructions claires.

Charlotte, toute à sa liberté recouvrée, ne mesure peut-être pas à quel point l'appareil étatique mis en place par son père putatif la tient en observation constante. L'œil de la police est discret mais perçant et les intempérances d'une jeune femme un peu trop pétulante, libre de sa personne et de ses mœurs, ne peuvent lui échapper – *a fortiori* si le cas se complique de menées politiques, confinant au complot antidynastique.

Dès le 18 septembre en effet, le sous-préfet de Poligny prend sa plume pour mettre fin au scandale. Charlotte n'a pas la cote auprès des sous-fifres. Elle qui sait enjôler les généraux, émouvoir maires et préfets, n'a pas le moindre regard pour les adjoints au maire, sous-préfets et autres besogneux de rang subalterne, qui répondent à son mépris par de la haine. Ainsi, c'est l'adjoint au maire de Salins qui, en cachette de Bancenel, est allé geindre dans le gilet du sous-préfet pour le pousser à instrumenter. Cette conjuration des médiocres, invisible à la pauvre Charlotte, mine sourdement mais sûrement le petit bonheur qu'elle s'efforce de construire à Salins.

« Monsieur le Préfet, écrit à son supérieur le chevalier de Brangès, sous-préfet de Poligny,

« M. le maire de Salins, consulté plusieurs fois par M. le Préfet du Doubs sur l'existence de Mlle Chappuis, fille naturelle de Bonaparte, née à Auxonne, consentit enfin à la recevoir à Salins, il y a quelques mois, d'après les demandes réitérées de cette personne, espérant que la leçon sévère qu'elle venait de recevoir lui serait favorable et qu'elle se bornerait à vivre paisiblement dans cette ville et éviter le moindre reproche. »

Jusque-là, simple rappel des faits, comme le veut l'usage dans un bon rapport administratif. Si, par impossible, Charlotte avait pu lire cette prose paperassière, sans doute aurait-elle même apprécié ce résumé qui non seulement admettait l'anormale sévérité du traitement qu'on lui avait réservé, mais surtout lui reconnaissait, explicitement et sans détour ni précaution rhétorique, la qualité de « fille naturelle de Bonaparte ». Sans doute y avait-il erreur sur son lieu de naissance, mais en écrivant « Auxonne » au lieu d'Arnay, certainement le sous-préfet royaliste pensait-il au jeune artilleur ombrageux qui, en cette ville, avait conçu cette enfant du péché.

La suite du courrier, en revanche, a tout pour inquiéter la prétendante : « M. de Lurion, premier adjoint de Salins, en l'absence de M. le maire, m'écrit pour la seconde fois à ce sujet, et me demande avec insistance le renvoi de cette fille de sa commune, attendu qu'elle ne cesse de fréquenter tout ce qu'il y a de plus mauvais en opinion et d'être une espèce de ralliement pour les esprits malveillants. Il lui avait été défendu de tenir une pension, malgré cette défense elle continue à recevoir chez elles des jeunes personnes. Elle tient continuellement de mauvais propos et joue même la femme importante, par son origine et les *malheurs* de ses *auteurs*. Je ne sais pas pourquoi cette fille, sans moyen d'existence aucun, s'obstinerait à vouloir demeurer à Salins. Cette ville par sa nombreuse population, par son mauvais esprit et sa situation frontière, mériterait l'expulsion de tout ce qu'il y a de douteux, et le renvoi de cette fille à Auxonne, sa patrie, me paraîtrait naturel et produirait un très bon effet à Salins. »

— Allons bon ! on n'en sortira donc jamais de cette histoire, se lamente le préfet à la lecture de cette véritable lettre de dénonciation.

La patience des hauts fonctionnaires est limitée ; mais comment prendre une mesure de police énergique contre une jeune femme aussi visible et appréciée d'une part non négligeable de la population, une protégée du maire, dont le ministre lui-même a ordonné la mise en liberté ? Quant à déplacer cette charmante peste vers le département voisin, ne serait-ce pas là comme une mauvaise manière à l'encontre de son homologue le préfet de la Côte-d'Or, évidemment peu désireux de voir arriver dans son ressort pareille cause de troubles ? Le comte hésite une dizaine de jours avant de se résoudre à demander des instructions quai Malaquais.

« Écrit de nouveau à S. E. le M. sur cette folle », note-t-il simplement. De nouveau les gratte-papier font leur office, les cavaliers parcourent les plaines de l'Est, et, un mois plus tard, Son Excellence le ministre de la Police générale du royaume suggère une solution toute simple : « Comme cette fille n'a aucun moyen d'existence, et comme elle serait aussi dangereuse dans le lieu de sa naissance qu'à Salins, je pense qu'il serait plus convenable de la faire admettre au dépôt de mendicité de votre département. Je vous invite à prendre à cet effet les dispositions nécessaires. »

Waterloo s'annonce.

12

Le retour de Mutinus

S'IL Y EN AVAIT UN QUI S'ENNUYAIT FERME, EN OCTOBRE 1816, c'était *Mutinus* à Salins. L'agent secret de la Police générale s'intéressait aussi peu que possible à l'extraction du sel, principale activité de la contrée ; et quand la nuit tombait sur la petite cité laborieuse, dans les rustiques cabarets dont devait se contenter son hédonisme, la conversation des sauniers se limitait à peu de choses, sinon à des commentaires sur le fond de l'air qui, en ce début d'automne, dans le Jura, commençait à se faire franchement frais. *Mutinus* aurait bien recherché une compagnie plus chaleureuse et plus ardente, mais qu'il était loin, le Palais-Royal ! Depuis que le chevalier de Bancenel avait chassé les filles galantes de sa ville, les célibataires de Salins dépérissaient dans une morne abstinence.

« Bel hypocrite, ce Bancenel ! ruminait l'homme des basses œuvres. Ce beau monsieur fait la morale au peuple, mais il tombe amoureux de la première aventurière un peu stylée qui se présente et met tout son crédit à la faire libérer ! Ah ! elle est belle, la monarchie restaurée… » Une bière de plus ne tira pas *Mutinus* de son amertume.

Il avait, dans sa besace, copie des lettres du maire, intercédant l'année précédente en faveur de Charlotte Chappuis. « Sa conduite est irréprochable pour les mœurs », assurait effrontément Bancenel au préfet, avant d'expliquer qu'elle était tout de même, en 1815, la maîtresse d'un officier étranger – un être des plus machiavéliques, selon lui.

« À l'entrée des Alliés, j'avais repris la mairie. Je fus informé, par le commandant de la place même, de ses liaisons avec cette jeune personne. J'ai des raisons de croire que c'est lui qui l'a engagée à s'adresser au baron de Steininger, et à lui faire la confidence qu'il en avait obtenue sur sa naissance. Le véritable motif de cet officier était de se débarrasser de cette fille à qui il avait beaucoup promis et voulait peu donner. Il me fit aussi cette confidence qu'elle était fille du Corse, et m'engageait à la faire arrêter. Mais persuadé qu'une conspiration sans argent, qui n'a que ses charmes pour détruire les empires, ne présente aucun danger, je laissai libre Mlle Chappuis à qui je n'avais pas parlé depuis le 7 janvier. L'officier me dit qu'il la ferait arrêter : elle est sous ce rapport victime d'une rouerie. »

Un vrai roman qu'ébauche là le maire de Salins ! Charlotte aurait donc été manipulée par un amant de passage qui voulait se dégager d'elle ? *Mutinus* en soupire de découragement, en relisant ce feuilleton raconté par un authentique royaliste qui prend soin d'employer les expressions méprisantes dont les courtisans se servent alors pour désigner l'Empereur tombé : « Buonaparte », « le Corse », voire « l'Africain » chez les plus fielleux… Décidément aveuglé par la carnation de Charlotte, le maire ne s'interroge pas sur le sérieux de cette « confidence » que la courtisane aurait faite à son amant félon, car son récit n'exclut pas qu'elle soit effectivement la fille de Napoléon ; mais, préoccupé surtout de la faire libérer, il lui prête des motivations purement matérielles et anodines : « Mlle Chappuis s'est adressée au général autrichien dans l'idée de se rendre intéressante et persuadée que cette nation voulait ramener le petit métis. Elle croyait jouer un grand rôle ou au moins attraper de l'argent.

« Si cette jeune personne a eu des correspondances avec de grands personnages, ce sont MM. Bertrand et Carnot, mais une seule lettre du premier reste, toute cette correspondance a été brûlée.

« Pendant la fin de ma première mairie, il a passé trois officiers venant de l'île d'Elbe. C'était au mois de février, et j'ai la certitude que Mlle Chappuis ne les a pas vus et n'a rien reçu d'eux. Ces militaires étaient munis de congés de Buonaparte, visés par tous et en bien bonne forme. J'ai dû les laisser passer.

« Cette fille se donne 19 ans. Son père et sa mère avaient de la fortune. Tout est mangé. Elle n'a rien reçu d'eux que quelques talents. Sa misère est grande. Sa fierté la retiendra dans la conduite qu'elle a tenue jusqu'à son entrevue avec le commandant de place autrichien. Elle vivait ici sans crédit, sans aucune influence. Elle y était fort circonspecte.

« Voilà, Monsieur, tous les renseignements que je puis avoir l'honneur de vous transmettre.

« Mlle Chappuis a tenté une aventure qui lui a mal tourné, un officier autrichien a voulu se débarrasser d'elle. Sa mère était une catin, qui *ad libitum* peut donner cet enfant à gens d'épée, à gens de robe ou à son prêtre. Mais la présence de cette enfant ne peut nuire nulle part, et mon avis est qu'elle doit être mise en liberté, renvoyée sous la surveillance du maire de la commune qu'elle habitera, et que ce roman n'a été dangereux que pour elle.

« Pardonnez-moi d'avoir été si long, mais j'ai tant et tant d'occupation que ne voulant pas manquer le courrier, je n'ai pu mettre plus d'ordre dans ma lettre qui fait attendre notre messager.

« Agréez l'assurance des sentiments respectueux avec lesquels j'ai l'honneur d'être,

Monsieur le Préfet,

Votre très humble et très obéissant serviteur

Le chevalier de Bancenel »

Mutinus fulminait. Sa mission semblait terminée, la prétendante croupissait à Bellevaux, le salaire de ses bons offices l'attendait à Paris, et il avait fallu qu'un Bancenel se souciât de « cette enfant » qui devait, comme par hasard, être placée « sous la surveillance du maire de la commune qu'elle habitera »… Oui, beau tartuffe vraiment, ce monsieur qui voulait qu'on livre cette beauté à son patronage exclusif…

Une pareille lettre toutefois, émanant d'une autorité municipale, ne pouvait être ignorée du préfet, qui ne manqua pas d'en référer au ministre. Pendant que Charlotte désespérait entre quatre murs, les scribes de l'administration avaient œuvré, les parapheurs avaient circulé, jusqu'à cette instruction du duc Decazes du 6 décembre 1815 : « J'ai reçu, Monsieur le Préfet, la lettre que vous m'avez adressée [...], relativement à la demoiselle Chappuis, détenue à Besançon, qui se dit faussement fille naturelle de Buonaparte. Je vous invite à faire interroger cette personne à qui l'on devra présenter toutes les objections qui démontrent la fausseté de la fable qu'elle a imaginée. Vous voudrez bien m'adresser une copie de cet interrogatoire qui devra être dirigé de manière à faire ressortir le caractère de la demoiselle Chappuis et les dispositions d'esprit où elle se trouve. En attendant, maintenez sa détention. »

En lisant cette pièce, *Mutinus* s'apaisa, ou du moins son visage prit une moue vilaine qui pouvait exprimer chez lui un certain contentement. Il savait, en bon auxiliaire de police, ce que signifiait un interrogatoire « dirigé », et, visualisant la scène, lui revenaient en tête des gravures aperçues chez un libraire spécialisé du Palais-Royal, qui lui vendait des livres interdits. Un certain marquis de Sade, enfermé à Charenton paraît-il, y racontait des histoires de jeunes filles ainsi attrapées et mises en forteresse, où tout un attirail de torture pimentait les débauches de leurs tourmenteurs. Ah ! elle a dû faire un peu moins sa fiérote, le 12 décembre 1815, la fille de Napoléon, quand les spécialistes des interrogatoires dirigés sont venus lui arracher des aveux, dans le secret d'une cave, tandis que les bonnes sœurs regardaient ailleurs… Elle a dû bien piailler, la princesse, tandis qu'on lui tordait ses jolis petits doigts – et *Mutinus,* soudain émoustillé, regrettait d'avoir manqué cela.

Quand avait-elle craqué ? Aux premières menaces, aux premières violences ? ou bien quand ses inquisiteurs passèrent aux outrages intimes qu'ils avaient coutume de pratiquer, dans l'impunité de leur sévère profession ? En tout cas, elle avait craqué, comme l'indiquait si clairement la lettre du préfet à son ministre en date du 13 décembre :

« Monseigneur,

« J'ai l'honneur de transmettre à V. E. en conformité de sa lettre du 6 de ce mois l'interrogatoire que j'ai fait subir à la demoiselle Chappuis.

« Ses déclarations diffèrent entièrement de celles qu'elle avait faites jusqu'alors et que j'ai rapportées dans ma lettre au maire de Salins.

« Ce n'est plus son extrême dévouement pour Buonaparte qui l'a conduite à l'île d'Elbe mais bien le projet de s'y marier avec un officier de la Garde. L'idée qu'elle se faisait de la beauté du climat de Sainte-Hélène l'a seule portée à se faire passer pour la fille naturelle du premier afin de pouvoir aller habiter cette île et jouir de ce climat.

« L'invraisemblance de ces réponses ne fait qu'ajouter au soupçon que j'ai déjà exprimé dans ma lettre au maire de Salins que cette femme n'ait été, l'année passée, l'agent de correspondances criminelles avec l'île d'Elbe. »

Le ministre savait qu'il n'en était rien ; pour lui, il fallait que Charlotte cédât : qu'elle avouât enfin ne pas être la fille de Bonaparte et qu'il en subsistât une trace écrite. Il avait fallu, pour cela, malmener un peu la demoiselle, mais qu'importe ? En contrepartie, sa libération devenait possible : une prétendante était dangereuse, une fanfaronne n'avait guère d'importance...

À peine sortie, pourtant, Charlotte reprend le cours de sa vie à Salins, comme si de rien n'était. Bancenel ? De toute évidence, elle l'ignore, ce notable cauteleux qui n'a pas su lui éviter cette séance de torture... Par quels pieux mensonges il a tenté de la couvrir, elle ne veut pas le savoir, et le maire, vexé, frustré, ne fera plus rien pour elle.

À Salins, Charlotte n'a qu'un soutien fidèle, un appui : c'est Fanchon. Les deux amies, réunies, ont renoué avec leur vie insouciante. Après tant d'inquiétudes et de chagrins, elles ne se séparent plus. Dorment-elles ensemble, comme cela se fait en un temps où le chauffage est rudimentaire ? « Jusqu'où va leur intimité ? » se demande *Mutinus* quand, sombrant dans la boisson, accablé de cette surveillance sans fin, l'assaillent des pensées luxurieuses. Les lettres qu'elles tentèrent de s'échanger à Bellevaux témoignent de sentiments puissants, excessifs, entre ces jouvencelles : simples formules reprises de Rousseau et des romans à la mode, ou expression d'un véritable amour, entre deux abandonnées qu'aurait pu unir un certain dégoût des hommes ?

De toute façon, la fête est finie. Au petit jour, quoiqu'un peu éméché, *Mutinus* se présente chez Charlotte et Fanchon, flanqué de deux gendarmes.

— Charlotte Chappuis, au nom du roi, veuillez nous suivre…

Pas d'enlèvement cette fois, nulle voie de fait : les gendarmes ont un ordre écrit du préfet, tout est en règle. Malgré les pleurs et les cris, les coups de petits poings blancs qui les chatouillent à peine et déclenchent entre eux un grand rire butor, les deux pandores embarquent la demoiselle Chappuis, vagabonde dépourvue de moyens d'existence. Fanchon, effondrée, voit partir son amie pour toujours.

13

Concours de maris

Après Bellevaux dans le Doubs, c'est à Dole dans le Jura que Charlotte est enfermée au dépôt de mendicité : même enfer départemental, en plus dur et plus froid, sans l'égard d'une cellule individuelle maintenant. La fille de Napoléon n'est plus qu'une folle sans ressources, reléguée parmi la lie de la société.

Tel est du moins le souhait de l'administration. C'est fort mal connaître Charlotte, qui a le don de susciter des sympathies partout. La promiscuité où on l'a plongée lui permet de se constituer très vite un réseau d'admirateurs, impressionnés par sa ressemblance avec l'Empereur, et qui se damneraient pour elle.

Parmi eux, François Besand, un sculpteur qui s'attache à son sort. L'a-t-il connue à Salins, où il réside ? A-t-il rusé pour lui rendre visite, ou la rencontre fut-elle accidentelle ? Le dépôt de mendicité de Dole est installé dans l'ancien couvent des Carmes et Besand, sculpteur ornemaniste, spécialisé en réfection des statues de saints endommagées depuis la Révolution, a pu venir là pour un chantier. En tout cas, du moment qu'il voit la belle prisonnière, son âme romantique ne tend plus qu'à un but : la délivrer.

Quand il cesse de tailler la pierre, s'octroyant une pause, la tignasse, la barbe et son tablier de cuir nimbés de fin calcaire, Charlotte vient lui parler, heureuse d'échapper un instant aux glapissements des malades et des insensés qui forment maintenant sa société ordinaire. Instruit, généreux, Besand lui paraîtrait presque beau, tant il se montre gentil et déférent auprès d'elle.

L'homme, pourtant, est bientôt quinquagénaire ; marié, père de famille, il a passé l'âge des passions et des décisions irréfléchies. Placidement, raisonnablement, il cherche une solution au problème de cette malheureuse captive qui ne lui paraît pas à sa place au dépôt de mendicité et dont le sort heurte son sens de la justice.

Or, François Besand a un fils de vingt ans, Claude-François, qui lui aussi se destine à la sculpture et à l'architecture. Une fille d'empereur à sauver, n'est-ce pas là un beau parti ? Certes, elle est sans le sou, mais un artiste comme lui ne se soucie guère de pareilles contingences. Elle est belle, vive, cultivée : elle a tout pour faire le bonheur de Claude-François et de la famille Besand. Sans doute sous couvert d'aider son père dans ses travaux de taille, le fils à son tour s'introduit à l'hospice de Dole pour conter fleurette à Charlotte. Et c'est ainsi que le préfet du Jura, fin 1816, reçoit de sa prisonnière une lettre étonnamment suave :

« Monsieur le Préfet,

« Instruite par la renommée que l'innocence ne réclama jamais en vain votre protection, c'est avec confiance que j'ose vous supplier de jeter un regard favorable sur de légitimes réclamations. Permettez-moi, monsieur le Préfet, de vous faire un exposé sincère des motifs qui m'ont fait agir et ont provoqué les maux auxquels je me trouve exposée.

« En 1814, devant épouser un officier qui suivit Bonaparte à l'île d'Elbe, j'entrepris ce voyage. Ne pouvant obtenir la permission de ses chefs, je repassai en France et vins me fixer à Salins où, avec la permission des autorités, j'établis une maison d'éducation. Lors de la dernière invasion, croyant que celui pour lequel j'avais fait le voyage de l'île d'Elbe serait de nouveau à la suite de Bonaparte, et ne sachant quels moyens je devais employer pour me réunir à lui, je fis une imprudence bien coupable sans doute, ce fut de me déclarer fille naturelle de Bonaparte, espérant par là être comprise dans sa suite. Cette inconséquence attira sur moi l'attention des autorités qui, ne connaissant pas les motifs qui me faisaient agir, voulurent s'en assurer et me retinrent en arrestation jusqu'à ce qu'elles soient suffisamment convaincues que je n'étais coupable que d'une imprudence. Je fus par ordre du ministre remise à la surveillance du maire de Salins. Rentrée depuis trois mois chez moi, je repris mon pensionnat.

« Je suis sûre, Monsieur, de n'avoir nullement donné lieu à une nouvelle arrestation, cependant d'après un ordre de votre part en date du 8 du courant je me trouve conduite au dépôt de mendicité de Dole sans que je puisse présumer ce qui a donné lieu à cet acte de sévérité, d'autant plus pénible que j'étais sur le point de m'établir. Ce n'est, monsieur le Préfet, qu'entre les mains d'un père et d'un mari que je vous prie de me remettre. Je ne fus qu'imprudente et malheureuse; par quelle fatalité faut-il que je me voie ravie à une famille prête à devenir la mienne?

« Veuillez, monsieur le Préfet, avoir égard à ma jeunesse, à l'inexpérience qui ne me permit pas de réfléchir aux suites que pouvait avoir une démarche inconsidérée. J'éprouvai l'année dernière l'indulgence des magistrats, n'ayant donné aucune nouvelle raison de me ravir la liberté. J'attends avec assurance votre décision sur mon sort, persuadée que je ne serai pas la seule qui puisse dire s'être vainement confiée en votre intégrité sans en obtenir justice. Mon futur beau-père doit, Monsieur, vous présenter ces réclamations, et vous prier de lui rendre une personne qui doit faire partie de sa famille.

« Daignez, Monsieur, me rendre à des personnes qui me sont si chères et m'accorder la bienveillance que dans tous les temps je ne cesserai de me forcer de mériter.

« Veuillez recueillir le profond respect avec lequel j'ai l'honneur d'être

Monsieur le Préfet,

Votre obéissante

C. Chappuis »

M. de Coucy, chevalier de Saint-Louis, préfet du Jura, est-il dupe de cette supplique? Cette humble solliciteuse qui admet ses torts et renie son ascendance napoléonienne serait-elle en voie de se rédimer, ou faut-il prudemment maintenir cette fausse ingénue au frais ? La situation est épineuse depuis que, le 27 novembre 1816, François Besand, « propriétaire et sculpteur demeurant à Salins », a écrit lui-même au préfet du Jura. Il expose « qu'il vient avec confiance réclamer de votre justice et de votre équité le rapport d'un arrêté par lequel vous avez ordonné l'arrestation et le dépôt dans la maison de mendicité établie à Dole de la personne de Mlle Chappuis, domiciliée à Salins depuis environ deux ans.

« Le défaut de fortune de cette demoiselle est sans doute le motif qui a provoqué cet arrêté, mais ce motif cessant, cet arrêté ne doit plus subsister ; or en réclamant cette jeune personne comme devant faire partie de ma famille par son union projetée avec mon fils, je me charge de son existence et ce certificat lève tout obstacle à la mise en liberté de cette fille infortunée. »

Le certificat évoqué accompagne la lettre. Il émane de Claude-François de Lurion, l'adjoint au maire de Salins, qui adopte le « nous » de majesté : « Certifions que M. Besand François-Ignace, demeurant dans cette ville, jouit d'une fortune assez considérable et qui le met dans le cas de répondre des marchés qu'il pourrait faire ; certifions en outre que M. Besand a toujours eu une conduite honnête et sans reproches et qu'aucune plainte ne nous est parvenue sur son compte. En foi de quoi nous lui avons délivré le présent certificat pour lui servir au besoin. »

La demande en mariage devrait logiquement être agréée. Le 2 décembre, anniversaire du couronnement de Napoléon et de la victoire d'Austerlitz, semble un jour propice à Charlotte ; de son asile de Dole, elle écrit au préfet une supplique charmante, qu'elle juge propre à amadouer le représentant de l'État :

« Monsieur le Préfet,

« Pardon si je deviens importune. Les motifs puissants qui me font agir peuvent me servir d'excuse. J'ose encore rappeler à votre souvenir la réclamation que j'ai eu l'honneur de vous faire à Dole. Comme vous m'avez fait entendre que les autorités de Salins étaient mécontentes de mon séjour dans cette ville, j'offre, Monsieur le Préfet, à prendre quelle résidence il vous plaira de m'indiquer. Je désire être renvoyée dans le département de la Côte-d'Or, si je ne puis être domiciliée à Salins. J'espère, Monsieur le Préfet, que vous aurez égard à l'irréprochabilité de ma conduite et prendrez des informations suffisantes sur moi afin de me mettre à même de me justifier des plaintes qui ont été portées contre une jeune personne qui ne fut coupable que d'une imprudence qui a attiré sur elle assez de malheurs pour qu'elle cesse d'attirer sur elle l'attention d'un gouvernement paternel. L'époux que je me propose de prendre fixera sa résidence où bon il vous semblera. Veuillez, Monsieur le Préfet, être sensible à la position malheureuse où se trouvent deux jeunes gens prêts à s'établir. Permettez-moi de croire que vous daignerez être sensible à mes larmes et me rendre justice.

« Daignez accueillir le profond respect avec lequel j'ai l'honneur d'être

Monsieur le Préfet,

Votre obéissante

C. Chappuis »

Rarement Charlotte se sera montrée aussi diplomate et aussi humble ; prête à tout pour sortir de l'affreux hospice, elle flatte l'ennemi et se couvre la tête de cendres, ne demandant plus qu'à devenir bonne mère et bonne épouse sous le nom de Besand.

Hélas, l'adjoint au maire de Salins ruine ses efforts par un courrier circonstancié au préfet : « Un sieur Besand, sculpteur et doreur de cette ville, m'avait demandé il y a quelques jours un certificat qui constatât qu'il pouvait répondre de ses actions, et qu'il était de bonne conduite et de bonnes mœurs. Il m'avait dit, pour l'obtenir, qu'il était dans le cas d'entreprendre des ouvrages de son art dans des lieux très éloignés de Salins et jusqu'aux environs de Lyon ; que là n'étant pas connu, il pouvait avoir besoin, outre son passeport, d'un acte qui prouvât qu'on ne risquait rien en traitant avec lui. Hier il me fut rapporté que ce même Besand voulait faire un tout autre usage de mon certificat, et qu'il avait le projet de vous demander la remise de la fille Chappuis, envoyée au dépôt de mendicité de Dole, d'après les ordres que m'a transmis M. le sous-préfet de Poligny. Il se fondera, dit-il, sur ce que cette fille devant bientôt faire partie de sa famille, il serait convenable qu'il la retirât chez lui, au lieu de la laisser dans un dépôt de mendicité.

« Cet homme abuserait étrangement du certificat que je lui ai délivré, s'il le faisait servir à cet usage. Quoiqu'il soit d'une conduite assez tranquille, il a manifesté en diverses occasions des opinions trop exagérées pour être caution de la fille Chappuis, étrangère à Salins, et qui n'y reviendra jamais que contre le gré des autorités. Vous êtes, monsieur le Préfet, le maître de décider à cet égard ce qui vous paraîtra le plus à propos ; mais il est de mon devoir de protester contre le retour de cette fille, dangereuse sous le triple rapport de la religion, des mœurs et des opinions politiques. Elle tenait ici des pensionnaires auxquelles elle ne pouvait donner que de très mauvais principes ; et elle éluderait, comme elle l'a déjà fait, la défense d'avoir des écolières, en faisant passer la pension sous le nom d'une autre fille avec qui elle demeurait.

« Je joins ici une lettre que j'ai reçue il y a environ un mois de la supérieure de Bellevaux, elle peut servir à fortifier ce que j'avance. »

À certificat, certificat et demi : celui de sœur Élisabeth Bouvard réduit à néant tout le travail de Charlotte et des Besand pour donner des gages de respectabilité au préfet. La mère supérieure, en effet, fustige les « fourbes procédés » de son ancienne pensionnaire : « La juste défiance que j'ai en la nommée Charlotte Chapuis *(sic)*, sur la conduite de laquelle vous me demandez des renseignements, me faisait craindre que ce ne soit un piège de sa part. » La fille de Napoléon serait-elle si retorse, ou la sœur lui prête-t-elle une part de sa propre duplicité ? En tout cas, c'est une âme perdue pour la France catholique et royale.

« Son séjour chez nous ne nous a que trop prouvé son irréligion et son impiété consommée, l'ayant entendue dire plusieurs fois que si elle savait y avoir un autre monde et de l'immortalité de l'âme, qu'elle ferait son possible pour la sauver, mais qu'elle n'y croyait nullement ; elle ne sait aucunement sa religion, pas seulement ses prières du matin et du soir, menaçant à chaque instant de se détruire, dangereuse pour les mœurs autant que pour la religion. Tout prouve de sa conduite une personne hors d'état d'élever sa jeunesse, nous sommes vraiment peinées de savoir que des familles lui aient confié de leurs enfants ; nous savons encore de bonne part que son libertinage l'avait conduite il y a quelques années à la suite d'un régiment à l'île d'Elbe. Vous verrez, Monsieur, par toutes ces choses combien il est dangereux de confier à une semblable créature l'édification des demoiselles et surtout si des autorités l'approuvent. Pour un emploi aussi important, quel malheur ! Voilà à peu près ce que ma conscience me dicte pour vous dire, d'après la demande que vous m'en avez faite. Vous en ferez l'usage *que vous jugerez à propos* », ces derniers mots soulignés, comme s'il fallait inscrire sur le papier le ton d'insinuation malveillante qui conclut ce billet en forme d'exécution.

Que la fille d'un moine défroqué soit peu versée dans la religion, on peut s'en douter ; mais elle est aussi « dangereuse pour les mœurs », cette catin de Charlotte, et un mot terrible est lâché, celui de « libertinage », éminemment rédhibitoire quand il s'agit d'arranger un mariage... Peu encline au pardon des fautes, et semblant même exclure tout rachat de la pécheresse, sœur Élisabeth Bouvard dénie à cette fille à soldats non seulement toute moralité, mais encore la moindre aptitude à éduquer un jour des enfants. Charlotte est damnée, en somme, et cette sorte d'excommunication que délivre la supérieure de Bellevaux sera bien utile à l'adjoint au maire de Salins pour bloquer les projets matrimoniaux des Besand, sculpteurs d'art religieux, fournisseurs des paroisses et des congrégations...

Or, à la même époque se manifeste un autre prétendant en la personne de « Girod-Genet fils aîné, faisant partie de la garde nationale de Champagnole ». Un lointain cousin, que Charlotte a pu alerter par l'une de ces correspondances secrètes dont elle a le génie, au moment où les lourdes portes de l'hospice de Dole se fermaient sur elle. Ce garçon, elle ne le connaît guère, pas du tout peut-être. Elle sait qu'il vit dans le département, au fond de cette bourgade au nom comiquement agreste de Champagnole, où son père est négociant.

Sa prose confuse témoigne d'un début d'instruction, d'une certaine exaltation aussi, tout cela embrouillé par sa grande obséquiosité : « L'équité règle et préside toujours dans vos ordonnances et anime vos désirs, écrit-il pompeusement au préfet. Pénétré de ces augustes vérités et dans la confiance que lui inspirent votre impartialité et votre zèle, il a l'honneur de vous dire que Charlotte Chappuis,

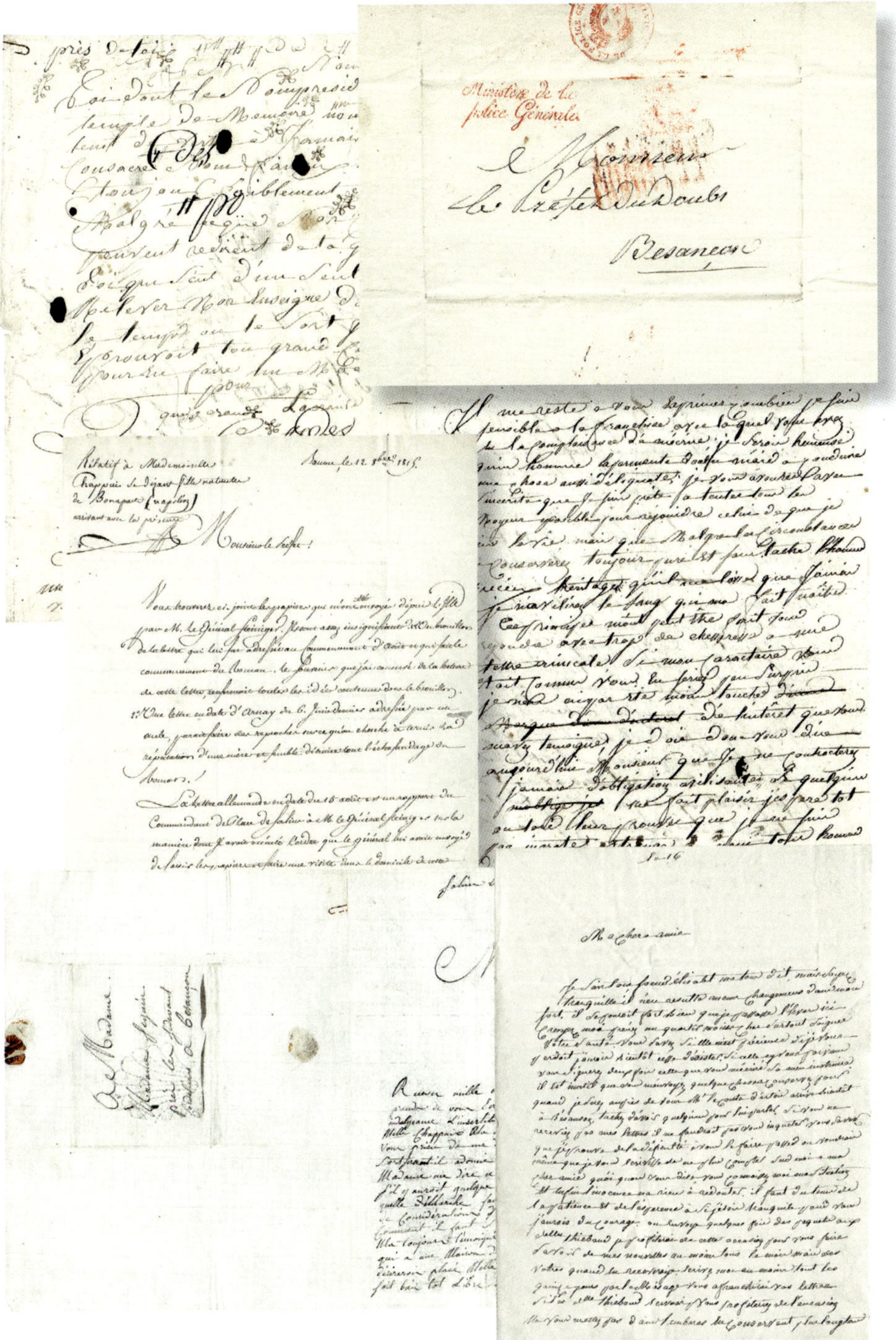

Le dossier Charlotte Chappuis : trouvé dans un grenier, il a été mis en vente par l'intermédiaire d'un marchand de manuscrits anciens et acquis par l'auteur. Il comporte cinquante-cinq documents totalisant quatre-vingt-quinze pages.

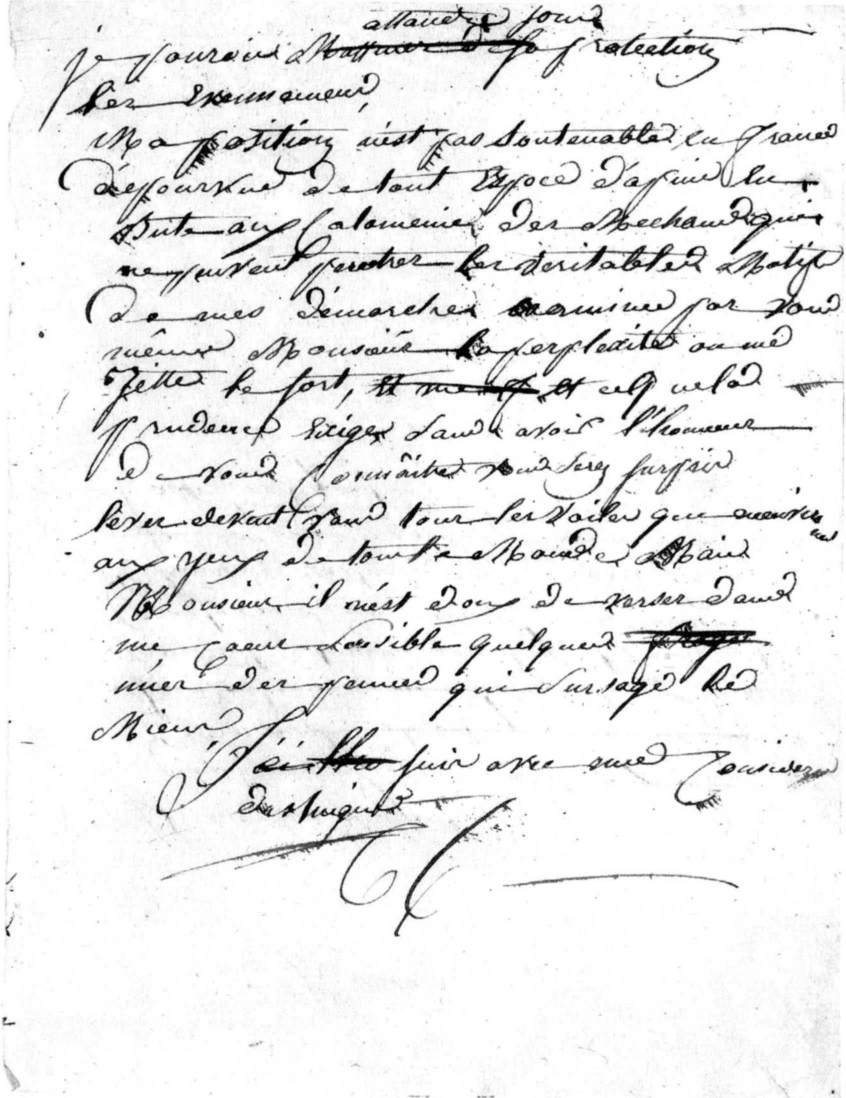

Brouillon de la main de Charlotte Chappuis :
« Mais, Monsieur, il m'est doux de verser dans un cœur sensible quelques-unes des pensées qui surchargent le mien. »

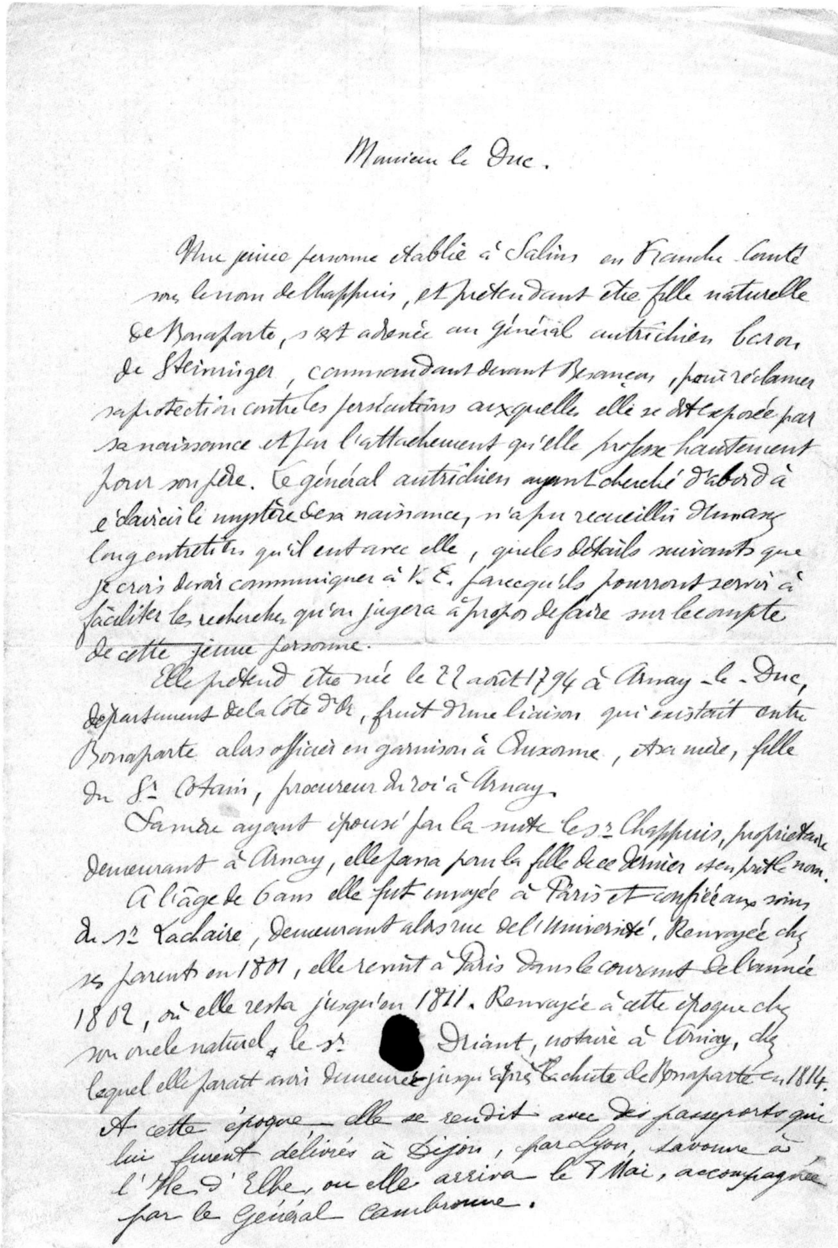
Monsieur le Duc.

Une jeune personne établie à Salins en Franche Comté sous le nom de Chappuis, et prétendant être fille naturelle de Bonaparte, s'est adressée au général autrichien baron de Steininger, commandant devant Besançon, pour réclamer sa protection contre les persécutions auxquelles elle se dit exposée par sa naissance et par l'attachement qu'elle professe hautement pour son père. Ce général autrichien ayant cherché d'abord à éclaircir le mystère de sa naissance, n'a pu recueillir d'un assez long entretien qu'il eut avec elle, que les détails suivants que je crois devoir communiquer à V. E. parce qu'ils pourront servir à faciliter les recherches qu'on jugera à propos de faire sur le compte de cette jeune personne.

Elle prétend être née le 22 août 1794 à Arnay-le-Duc, département de la Côte d'Or, fruit d'une liaison qui existait entre Bonaparte alors officier en garnison à Auxonne, et sa mère, fille du Sr Cotain, procureur du roi à Arnay.

Sa mère ayant épousé par la suite le Sr Chappuis, propriétaire demeurant à Arnay, elle passa pour la fille de ce dernier et en porte le nom.

A l'âge de 6 ans elle fut envoyée à Paris et confiée aux soins du Sr Lachaire, demeurant alors rue de l'Université. Renvoyée chez ses parents en 1801, elle revint à Paris dans le courant de l'année 1802, où elle resta jusqu'en 1811. Renvoyée à cette époque chez son oncle naturel, le Sr Driant, notaire à Arnay, chez lequel elle paraît avoir demeuré jusqu'après la chute de Bonaparte en 1814. A cette époque elle se rendit avec des passeports qui lui furent délivrés à Dijon, par Lyon, Savone à l'Ile d'Elbe, où elle arriva le 8 Mai, accompagnée par le Général Cambronne.

Rapport sur Charlotte Chappuis adressé à Fouché, duc d'Otrante, ministre de la Police générale : daté du 13 septembre 1815, il est signé d'un pseudonyme, *Mutinus*.

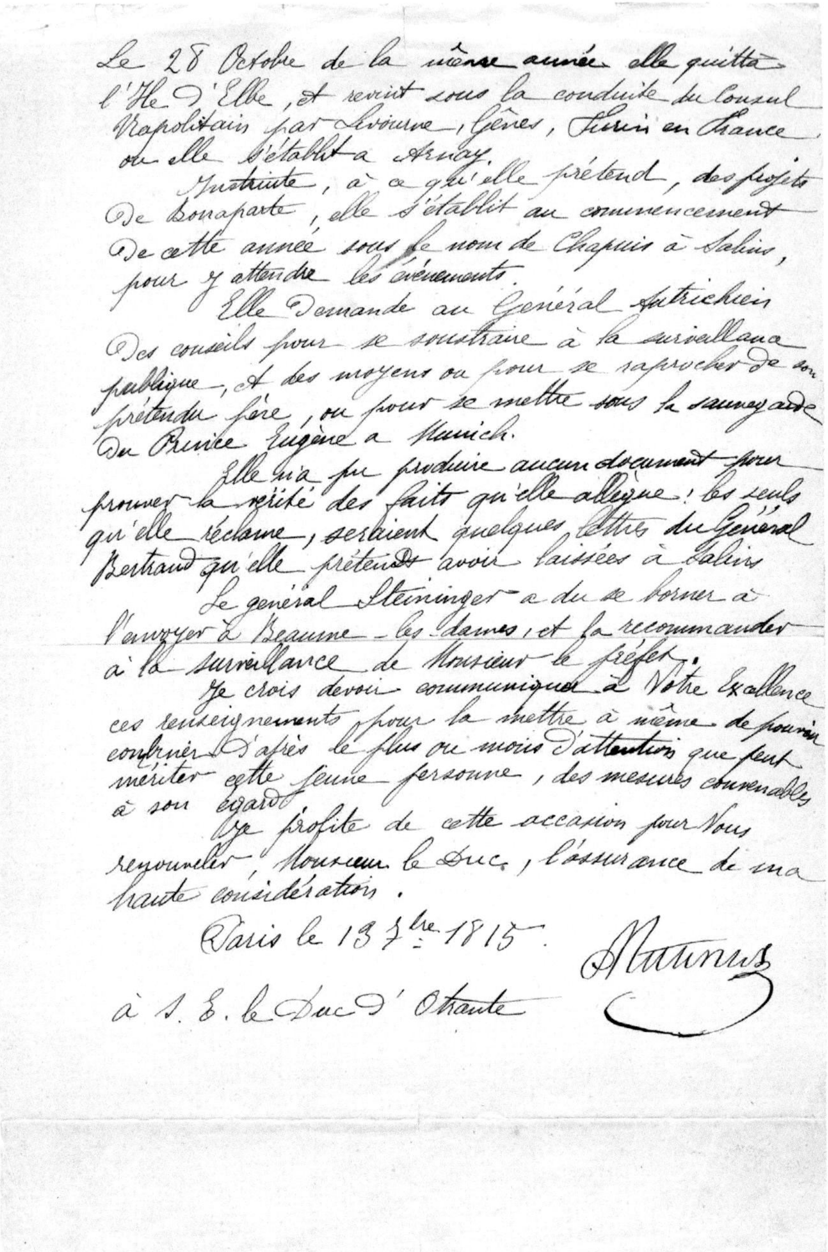

Le 28 Octobre de la même année elle quitta
l'Ile d'Elbe, et revint sous la conduite du Consul
Napolitain par Livourne, Gênes, Turin en France
où elle s'établit à Arnay.

Instruite, à ce qu'elle prétend, des projets
de Bonaparte, elle s'établit au commencement
de cette année sous le nom de Chappuis à Salins,
pour y attendre les événements.

Elle demande au Général Autrichien
des conseils pour se soustraire à la surveillance
publique, et des moyens ou pour se rapprocher de son
prétendu père, ou pour se mettre sous la sauvegarde
du Prince Eugène à Munich.

Elle n'a pu produire aucun document pour
prouver la vérité des faits qu'elle allègue: les seuls
qu'elle réclame, seraient quelques lettres du Général
Bertrand qu'elle prétend avoir laissées à Salins.

Le général Steininger a dû se borner à
l'envoyer à Beaune-les-Dames, et la recommander
à la surveillance de Monsieur le préfet.

Je crois devoir communiquer à Votre Excellence
ces renseignements pour la mettre à même de pouvoir
convenir d'après le plus ou moins d'attention que peut
mériter cette jeune personne, des mesures convenables
à son égard.

Je profite de cette occasion pour Vous
renouveler, Monsieur le Duc, l'assurance de ma
haute considération.

Paris le 13 7bre 1815.

[illegible]

à S. E. le Duc d'Otrante

Rapport sur Charlotte Chappuis adressé à Fouché (suite).

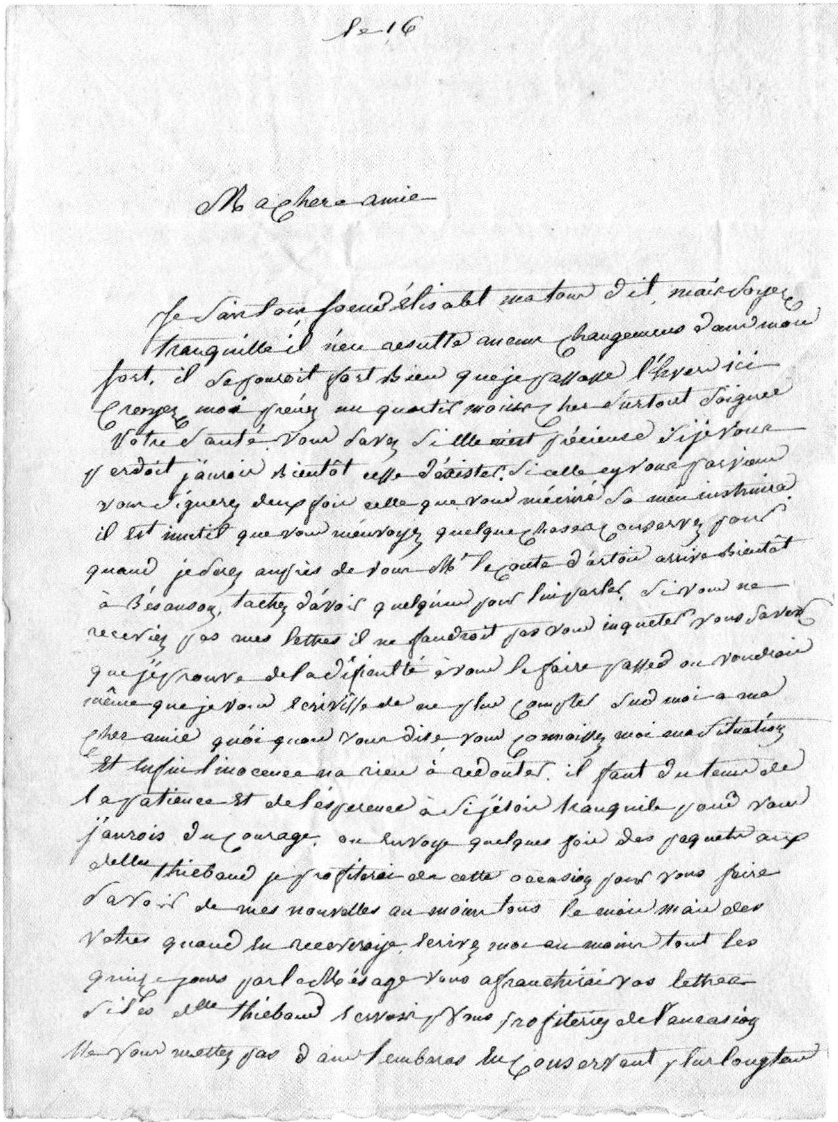

N° 16

Ma chère amie

Je sait que soeur Elisabet ma tout dit, mais soyez
tranquille il nen resulte aucun changement dans mon
sort. il se pourroit fort bien que je fallotte l'hyver ici
Croyez moi prenez un quartier moins cher surtout soignez
votre santé vous savez si elle mest précieuse si je vous
perdoit j'aurois bientot cessé d'exister. si elle cy vous parvient
vous ni querez deux fois celle que vous m'ecrivé sa men instruira
il est inutil que vous m'envoyez quelque chose conservez pour
quand je serez auprès de vous Mr le conte d'artois arrive bientot
à Besanson, tachez d'avoir quelqu'un pour lui parler si vous ne
receviez pas mes lettres il ne faudroit pas vous inquieter vous savez
que j'eprouve de la dificulté à vous le faire passer on voudroit
même que je vous ecrivisse de ne plus compter sur moi a ma
chere amie quoi quon vous dise vous connoissez moi ma situation
et l'enfin l'innocence na rien a redouter. il faut du temps de
la patience et de l'esperance si je étois tranquile pour vous
j'aurois du courage. on envoye quelques fois des paquets aux
delle thiebaud je profiterai de cette occasion pour vous faire
savoir de mes nouvelles au moins tous le mois mais des
votres quand les recevrai je. ecrivez moi au moins tout les
quinze jours par le Mésage vous afranchirai vos lettres
si les dlle thiebaud servoit vous profiterez de l'occasion
ne vous mettez pas dans l'embaras les couvert sont plus longtemp

Lettre de Charlotte Chappuis à sa « chère amie » Françoise Lamy dite Fanchon : écrite en captivité à Bellevaux, le « dépôt de mendicité » de Besançon, cette lettre a été interceptée avant de parvenir à sa destinataire.

La famille Muller en 1828 : Jacob et Charlotte au milieu de leurs enfants (de gauche à droite, Adrien, Édouard, Paul, Joseph et Marie-Louise dite Sophie), sur un tableau en possession de la famille.

Charlotte Chappuis épouse Muller à l'âge de 33 ans :
un air de famille ?

Letizia Ramolino épouse Bonaparte (1750-1836), mère de Napoléon.
© Photo Josse/Leemage

Élisa Bonaparte épouse Baciocchi (1777-1820), princesse de Lucques et Piombino, grande-duchesse de Toscane, sœur de Napoléon.
© Luisa Ricciarini/Bridgeman Images

Pauline Bonaparte épouse Borghèse (1780-1825), princesse de Sulmona, duchesse de Guastalla, sœur de Napoléon.
© Bridgeman Images

Caroline Bonaparte épouse Murat (1782-1839), grande-duchesse de Berg, reine de Naples, sœur de Napoléon.
© Bridgeman Images

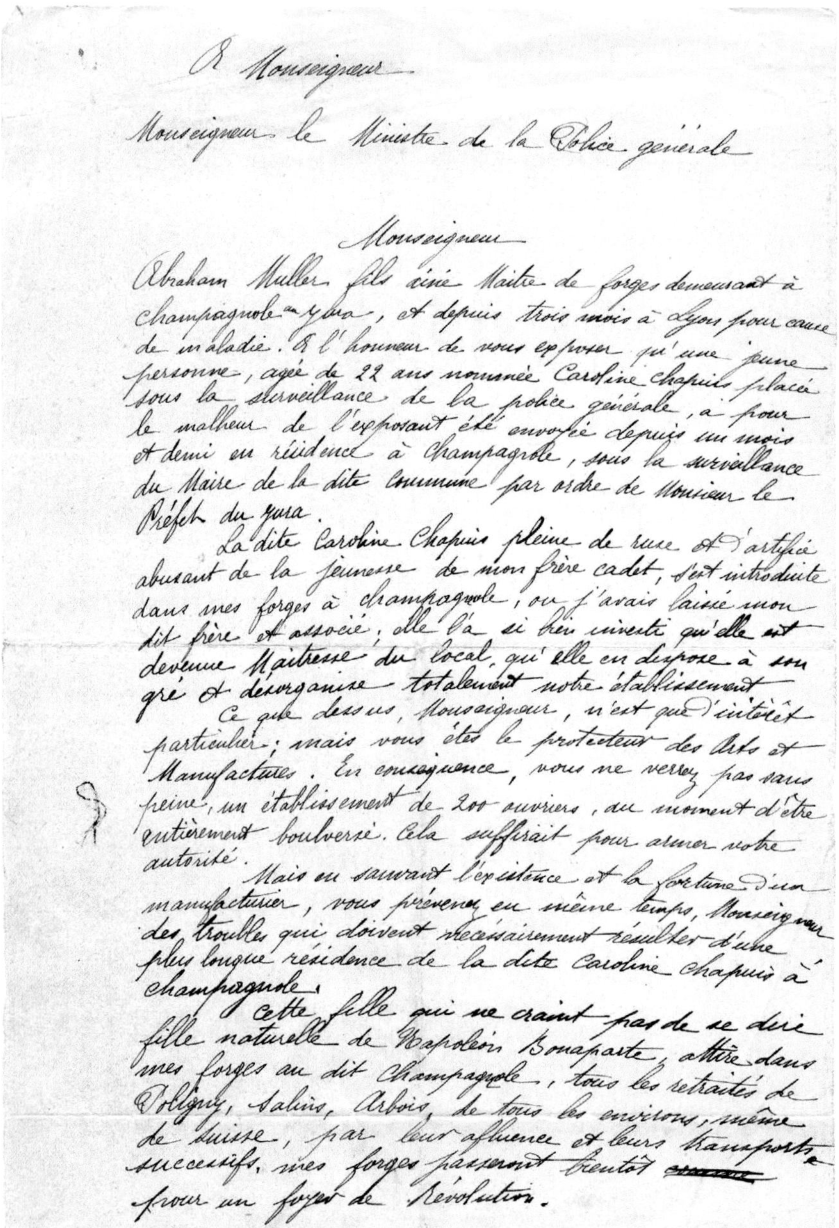

A Monseigneur

Monseigneur le Ministre de la Police générale

Monseigneur

Abraham Muller fils aîné Maître de forges demeurant à Champagnole au Jura, et depuis trois mois à Lyon pour cause de maladie. A l'honneur de vous exposer qu'une jeune personne, agée de 22 ans nommée Caroline Chapuis placée sous la surveillance de la police générale, a pour le malheur de l'exposant été envoyée depuis un mois et demi en résidence à Champagnole, sous la surveillance du Maire de la dite Commune par ordre de Monsieur le Préfet du Jura.

La dite Caroline Chapuis pleine de ruse et d'artifice abusant de la jeunesse de mon frère cadet, s'est introduite dans mes forges à Champagnole, où j'avais laissé mon dit frère et associé, elle l'a si bien investi qu'elle est devenue Maîtresse du local, qu'elle en dispose à son gré et désorganise totalement notre établissement.

Ce que dessus, Monseigneur, n'est que d'intérêt particulier; mais vous êtes le protecteur des Arts et Manufactures. En conséquence, vous ne verrez pas sans peine, un établissement de 200 ouvriers, au moment d'être entièrement boulversé. Cela suffirait pour armer votre autorité.

Mais en sauvant l'existence et la fortune d'un manufacturier, vous prévenez en même temps, Monseigneur des troubles qui doivent nécessairement résulter d'une plus longue résidence de la dite Caroline Chapuis à Champagnole.

Cette fille qui ne craint pas de se dire fille naturelle de Napoléon Bonaparte, attire dans mes forges au dit Champagnole, tous les retraités de Poligny, Salins, Arbois, de tous les environs, même de Suisse, par leur affluence et leurs transports successifs, mes forges passeront bientôt [illegible] pour un foyer de Révolution.

Lettre d'Abraham Muller au duc Decazes, ministre de la Police générale : envoyée de Lyon le 30 mai 1817, elle vise à obtenir l'éloignement de Charlotte Chappuis qui, « pleine de ruse et d'artifice », a séduit Jacob Muller et pris le contrôle de la forge.

Napoléon Ier (1769-1821),
empereur des Français,
roi d'Italie, protecteur
de la Confédération
du Rhin.

Adrien Muller (1824-1900), maire de Champagnole, conseiller général, vice-président du conseil général du Jura. Fils de Charlotte Chappuis, il était considéré comme ressemblant à l'Empereur, son grand-père putatif.

Adrien Muller en majesté, posant la main sur le ventre à la manière de Napoléon : photographie faite sous le Second Empire, avant 1863, au studio Petit & Trinquart, à Paris.

domiciliée à Salins, d'une moralité incontestable, vient d'être enlevée et conduite à la maison de charité de Dole.

« Il désire, Monsieur le Préfet, en connaître les motifs et la raison, afin qu'il puisse répondre par la voix de la justice à tous les sujets imposteurs qui l'ont rendue coupable et donnent lieu à sa captivité.

« Daignez lui accorder les renseignements qu'il vous demande, pour vous convaincre de l'innocence de la victime ; la justification réclamera votre justice pour obtenir sa liberté ; et sera justice. »

Si hautement harangué, le préfet du Jura ne put sans doute s'empêcher de rire en déchiffrant ce post-scriptum fiévreux : « Le pétitionnaire observe que dès l'instant de la mise en liberté de la demoiselle Charlotte Chappuis, il se charge de sa nourriture, son entretien, logement et même de pourvoir à son établissement. »

Ainsi, le cousin Girod-Genet s'offre d'épouser la captive ! À son tour le petit-bourgeois de Champagnole s'enflamme pour cette jeune femme sans dot, mais au charme certain, et que sa renommée de cantinière auréole d'un attrait scandaleux. Peut-être, lui aussi, l'ambitieux « membre de la garde nationale » est-il sensible à l'honneur d'entrer dans la famille impériale, fût-ce par l'escalier de service, en programmant une descendance qu'il donnerait à la princesse déchue ? Enfin, divers indices laissent à penser que ce garçon fat et vain, malgré la petite aisance paternelle qui peut faire illusion de fortune à Champagnole, n'a pas trouvé l'âme sœur dans l'aire cantonale ; cette cousine en détresse qui l'appelle au secours ne flatte pas seulement son sens romanesque, elle lui apporte l'occasion inespérée de convoler en justes noces avec une jolie fille.

Besand, de son côté, revient à la charge : « Veuillez, Monsieur le Préfet, remettre cette jeune personne sous la direction d'un père de famille qui ose compter que cinquante ans d'une vie sans tache lui mériteraient assez de confiance de la part des magistrats pour qu'il veuille lui rendre celle qu'il est sur le point d'unir à son fils, et qui n'eut jamais d'autre tort que de prendre l'année dernière, pour des raisons qu'elle a eu l'honneur de vous faire connaître, un nom qui ne lui appartenait pas. » Le sculpteur, en minimisant les prétentions napoléoniennes de l'orpheline, pense-t-il adoucir le préfet ? C'est même en se risquant dans le registre pathétique qu'il tente d'ôter toute dimension politique à l'affaire. « Veuillez accueillir favorablement ma réclamation en me rendant mon enfant », écrit-il à la fin, puis il biffe le possessif et corrige la phrase, qui devient bancale : « en me rendant la liberté à cet enfant »...

Malgré le « profond respect » auquel le préfet est invité à croire, le demandeur ne lui semble plus guère crédible. Or, le 7 décembre, c'est le père du Girod-Genet de Champagnole qui passe à l'offensive dans ce concours de maris par beaux-pères interposés. Négociant, bien-pensant, vaguement parent de la demoiselle, Girod-Genet semble un candidat beaucoup plus sérieux que cet artiste de Besand. Surtout, les Girod-Genet présentent l'avantage incomparable de résider à Champagnole, petite ville isolée, loin de tout, dans une tranquille vallée qui n'a plus fait parler d'elle depuis le grand incendie de 1798. Là-bas on travaille, on fabrique du fil de fer et des clous aux Forges de la Serve, on déblaie la neige six mois par an et on vit sans scandale. C'est dans cette petite Arcadie jurassienne que pourrait le mieux se faire oublier Charlotte.

« Je vous demande mille fois pardon de l'ennui que je peux vous faire dans cette occasion », commence Girod-Genet père, tout aussi obséquieux que son fils, dont il reprend les démarches à son compte.

« Monsieur j'aime à croire et j'en ai la conviction de la sagesse et de la vertu de Mlle Chappuis ainsi que de son innocence, c'est par ces motifs et par celui qui croit encore lui être attaché par un degré de parenté qui me fait prendre ses intérêts, si toutefois vous daignez fixer sa résidence à Champagnole je la prendrais sous ma responsabilité. Étant aussi sous votre surveillance et celle de M. le maire. S'agit-il encore de l'allier à un époux bien moralisé, c'est ce que je m'oblige du moment de sa mise en liberté. Je me reporte en suite à la pétition de mon fils. »

Le demandeur regrette de n'avoir pas agi plus tôt, avant l'enfermement de Charlotte à Dole, car « elle a jugé que je l'avais abandonnée à l'excès de sa douleur et à la fureur de ses ennemis. […]

« C'est dans cette persuasion et lassée d'être captive que Mlle Chappuis a été obligée de céder aux instances du jeune sculpteur qui s'est présenté devant vous sous prétexte de l'épouser, mais bien plutôt pour obtenir sa liberté.

« Quand il vous plaira je vous donnerai une ample connaissance de ma famille qui a toujours mérité la confiance et l'estime des gens de tous les rangs, même les plus distingués. »

Le fils surenchérit le 12 décembre : « Il est important et nécessaire de vous informer que Mlle Chappuis ne pouvait prendre d'engagement avec M. Besand ni se livrer à ses soins qu'après avoir imaginé qu'elle ne devait plus compter sur moi. Elle ne le pouvait non plus sans manquer à ses devoirs, attendu qu'elle a reçu de moi des engagements. »

Besand père, de son côté, capitule : « J'ai l'honneur de vous prévenir que jusqu'à ce jour, j'avais cru que Mlle Chappuis n'avait été conduite à Dole que par suite de sa malheureuse position concernant son manque d'existence, mais aujourd'hui j'apprends qu'elle est soupçonnée d'être ennemie de notre *Roi Légitime,* dès lors elle deviendrait indigne d'entrer dans ma famille pour être l'épouse de mon fils, en conséquence, Monsieur le Préfet, je vous supplierais d'avoir la bonté d'annuler les démarches que j'ai eu l'honneur de vous faire jusqu'à ce jour en sa faveur, mon intention étant de la livrer à son sort jusqu'au jour où sa parfaite innocence serait reconnue. »

Le préfet a d'autant mieux « la bonté d'annuler » qu'il n'avait jamais eu la pensée de donner une suite favorable à la demande des Besand. Le fils sut-il que son père lâchait ainsi l'affaire, fort piteusement d'ailleurs, craignant sans doute de perdre de pieuses commandes dans les monastères et couvents de la contrée ? Il s'en consolera auprès d'une autre fiancée, dont la dot substantielle lui permettra de bâtir un important commerce de bondieuseries en plâtre peint.

À quoi tient le bonheur, pourtant ? Dans les derniers jours de 1816, au moment où le jeune Besand doit renoncer à prendre Charlotte pour femme, arrive en préfecture l'avis du ministre de la Police générale qui, le jour de Noël, a donné son agrément au mariage : « J'ai autorisé au mois de juillet dernier la mise en liberté de cette personne qui n'a été envoyée au dépôt de mendicité que parce qu'elle m'a été désignée comme manquant de moyens d'existence. Il n'y a pas lieu par conséquent de l'y retenir, si elle trouve l'occasion de se marier ; et l'on doit même présumer qu'un établissement comme celui qui se présente la déterminerait à adopter un plan de conduite différent de celui qu'elle a suivi jusqu'à ce jour. Je ne puis donc que vous inviter à ne mettre aucun obstacle au mariage de la demoiselle Chapuis, si le sieur Besand, fils, de Salins, est réellement dans l'intention de l'épouser. »

Or, le préfet ne l'entend pas de cette oreille. Entremetteur d'État, il préfère neutraliser Charlotte par une union moins complaisante.

À Champagnole, la fille de Napoléon n'aurait qu'à bien se tenir : sous la garde des Girod-Genet, et bientôt dans les liens sacrés du mariage, Charlotte n'aurait guère plus de latitude que l'Empereur déchu n'en obtient du sinistre Hudson Lowe. Bref, si l'hospice de Bellevaux ne fut que son île d'Elbe, dont elle parvint à sortir pour tenter un retour, Champagnole serait Sainte-Hélène, d'où l'on ne revient pas. Ce sont donc les Girod-Genet qui emportent le marché.

Le 1er mars, le père est à Lons-le-Saunier, en préfecture ; connaissant et redoutant l'affreux charabia qui sort de sa plume, l'administration a préparé un acte d'engagement clair et bien rédigé, qu'il n'a plus qu'à souscrire : « Il est dans l'intention de recueillir chez soi cette demoiselle, et d'aviser à son établissement en la mariant, s'il y a lieu, avec le sieur François-Marie Girod-Genet, son fils, demeurant avec lui, au dit Champagnole. Le soussigné promet en outre à M. le Préfet qu'il veillera avec tout le soin dont un père de famille est susceptible à ce qu'aucune plainte soit portée relativement aux mœurs et aux options politiques sur le compte de ladite demoiselle. »

Girod-Genet signe mais, vexé, ne peut s'empêcher de griffonner : « J'approuve quoique écrit d'autres mains. »

Le ministre, averti que le mari a changé, avalise la convention. L'important n'est-il pas que cette excitée soit casée, pour qu'un époux se charge enfin des tâches de basse police qui incombent depuis deux ans à l'administration préfectorale ? Toutefois, on n'est jamais assez prudent, aussi le duc Decazes approuve-t-il aussi les précautions prises par son préfet, tout en les tempérant : « Vous avez fait sagement de recommander la demoiselle Chapuis *(sic)* à la surveillance de l'autorité locale ; mais cette surveillance doit être de simple observation. »

Entre-temps, Charlotte quittait enfin le dépôt de mendicité de Dole. Ce que fut son voyage, dans les derniers jours de l'hiver, pour parcourir la journée de diligence qui la séparait de son futur foyer conjugal, le dossier ne nous le dit pas. Peut-être parvint-elle à contrefaire l'amoureuse en sortant de sa geôle, pour donner le change ? Ou bien dans les premières heures, qui sait, ce cousin oublié lui parut-il sous les traits d'un prince charmant qui volait à son secours, et tenta-t-elle de se faire illusion ? Hélas, ce morne trajet n'eut rien d'un voyage de noces. Nul ne sort complètement de lui-même et, malgré les circonstances qui lui procuraient une adorable princesse impériale pour compagne, le sieur Girod-Genet ne put dissimuler longtemps ce qu'il était intrinsèquement : un personnage borné, vaniteux, mesquin, qui semblait convoyer une bête de concours et pensait que son uniforme de garde national le dispensait de séduire celle qu'il conduisait au bercail... La conversation se languit rapidement, s'étiolant en grossières banalités, et laissant chez Charlotte une sorte d'abattement succéder à la joie d'avoir recouvré sa liberté.

Liberté, vraiment ? Était-ce liberté que de passer le restant de ses jours avec ce lourdaud sentencieux, à lui pondre un enfant par an pour perpétuer sa race, sans autre perspective que de préparer de la bouillie pour cette marmaille future ? Charlotte aimait les hommes et un amant de plus n'était pas pour l'effrayer, mais celui que lui fournissait l'administration, vraiment, sentait par trop le renfermé... Ça, un amant ? Ça, l'homme qui la ferait mère et donnerait des petits-enfants à l'Empereur ? Quelle déchéance !

La désillusion fut plus complète encore quand ce couple

mal assorti arriva enfin à Champagnole, le 9 mars 1817. Le pays était riant pourtant, l'Ain bondissait avec force entre les monts encore enneigés, tombant en cascades dans la vallée, où il actionnait les roues des imposantes forges des frères Muller. Autour, quelques boutiques, de petites maisons simples, propres, mais austères, dont la plus misérable n'était autre que celle des Girod-Genet. Le père et le fils habitaient ensemble, dans un logis si rustique qu'il n'y avait pas de pièce où Charlotte pût se retirer. Sa litière du dépôt de mendicité lui parut presque un luxe, à côté de cette masure où le cousin, d'un air salace, prétendait lui imposer le concubinage.

Ce qui se produisit alors, on peut le déduire aisément. Cris, pleurs, bris de vaisselle, toute la vitalité de la promise s'investit dans la dénonciation du scandale ; puis, tandis que les Girod-Genet, épouvantés de voir s'attrouper les voisins, le maire, le curé, cherchaient à calmer la tempête, la négociation s'amorça.

14

Champagnole, capitale de l'Empire

AUSSI PEU RELIGIEUSE QU'ELLE FÛT, CHARLOTTE SAVAIT QU'UNE fiancée digne de ce nom ne convole qu'après la cérémonie du mariage. Elle épouserait son cousin, soit ; elle vivrait avec lui en bonne épouse, sans doute, conformément au Code Napoléon d'ailleurs, dont l'article 214 dispose que « la femme est obligée d'habiter avec le mari, et de le suivre partout où il juge à propos de résider »... Mais il faut préalablement que le mariage ait lieu en bonne et due forme ; autrement dit, qu'avant cette formalité nécessaire, Charlotte pût observer les convenances en résidant sous un autre toit. Sans quoi, que penserait-on d'elle à Champagnole ?...

Les Girod-Genet durent évidemment céder ; toutefois, craignant aussi bien les foudres préfectorales que le qu'en-dira-t-on, Claude-Joseph s'empressa d'informer de la situation le chevalier de Coucy, préfet du Jura :

« Monsieur le Préfet,

« Pour éviter les conséquences de la malveillance, j'ai l'honneur de vous informer que Mlle Chapuis, ma parente, qui est à ma charge et responsabilité, vient d'être mise dans une maison voisine où elle est accompagnée de ma fille, chez de très honnêtes gens, et par agrément du maire de la commune, pour y passer jusqu'au 25 mars prochain, jour auquel l'appartement qu'elle doit occuper chez moi sera disponible. Chargé de Mlle Chapuis de vous faire savoir qu'elle est charmée d'être au sein de sa famille, et qu'elle désire y fixer sa résidence, en se conformant aux vues et desseins de l'autorité, réclamant au besoin votre justice pour la répression des inculpations que la malveillance et la calomnie pourraient diriger contre moi à son égard,

« Plein de confiance,

J'ai l'honneur d'être,

Monsieur le Préfet,

Votre très humble
et très dévoué serviteur. »

Deux jours plus tard, une lettre du maire de Champagnole, Henri Paget, apportait au préfet des renseignements plus précis, et moins ampoulés : « J'ai l'honneur de vous prévenir que la nommée Étiennette Charlotte Chappuis est arrivée à Champagnole le 9 de courant sous la conduite du sieur Girod-Genet de cette commune ; que le jour de son arrivée elle s'est présentée devant moi et qu'elle m'a promis de tenir une conduite à lui éviter tout reproche de la part des autorités. Je crois devoir vous prévenir aussi que ledit Girod-Genet n'ayant pas de chambre propre à loger cette fille, elle n'est restée chez lui que deux jours, et que d'accord avec ledit et de mon consentement, elle demeure en ce moment chez M. Clément, tanneur, qui a bien voulu lui donner un asile où j'ai pensé qu'elle serait infiniment mieux, attendu qu'elle est chez une famille qui pense bien et qui est dans le cas de la ramener aux bons principes.

« Dans un entretien que j'ai eu hier soir avec cette fille, elle m'a déclaré franchement qu'elle ne voulait point contracter mariage avec le fils de Girod-Genet, malgré les vives instances qu'on lui fait à ce sujet.

« Je ne vous dissimule pas, Monsieur le Préfet, que l'arrivée de cette fille dans cette commune agite le pays et met en mouvement les esprits sous le rapport qu'on la dit et qu'on la croit fille naturelle de Buonaparte. En son particulier, je n'ai jusqu'à ce jour aucun reproche à lui faire.

« Je vous prie, Monsieur le Préfet, d'agréer l'assurance de ma parfaite considération. »

Et revoici Charlotte au meilleur de sa forme ! Où qu'elle aille, la fille de Napoléon révolutionne les esprits : on veut la voir, on se presse à sa porte, et les heureux élus ne rêvent plus que de s'engager sous sa bannière, de batailler pour elle ! Pourtant, l'expérience paie : ayant éprouvé par deux fois un emprisonnement arbitraire pour cause d'agitation bonapartiste, Charlotte prend les devants et, le 17 mars, c'est elle-même qui saisit la plume pour s'adresser à l'autorité, fort politiquement :

« Monsieur le Préfet,

« Désirant me conformer en tout aux ordres que vous daignerez me prescrire, je crois devoir prendre la liberté de mettre ma situation sous vos yeux.

« Je sens parfaitement que pour détruire toutes les suppositions que pourraient encore faire les esprits crédules sur mon compte, vous voulez que je m'établisse. Je sens aussi que ma tranquillité l'exige. Cependant, malgré le désir que j'ai de vous prouver ma soumission, je ne puis, Monsieur le Préfet, prendre un engagement qui décidera du reste de ma vie, sans réfléchir sérieusement. Si M. Besand m'eût obtenue, vous m'auriez vue empressée de remplir vos volontés. Le sort en ayant autrement décidé, je vous supplie de m'accorder du temps pour prendre une détermination fixe. Ha ! Monsieur le Préfet, je fus deux ans victime d'une étourderie, veuillez seconder mes intentions. Et si mon nom vous parvient il sera accompagné, je l'espère, de l'éloge flatteur d'amie du gouvernement. Ma vie entière sera employée à me rendre digne de l'indulgence que vous avez eue pour moi ; mais je crois que le séjour d'un pays où mes aventures m'ont acquis une triste célébrité, est peu propre à remplir le désir que j'ai d'être ignorée, c'est pourquoi j'ai voulu vous soumettre mes projets.

« Je resterai ici autant que vous le désirerez, et pendant mon séjour je prendrai des arrangements pour me fixer dans mon pays. Ma naissance y étant connue, je n'aurai plus à craindre les suppositions. D'ailleurs il m'y reste des amis, des parents ; il m'offrira des ressources plus certaines qu'un pays étranger dans lequel je ne puis me décider à contracter une alliance qui ne me convient sous aucun rapport. J'ai voulu, Monsieur le Préfet, que vous en soyez instruit. Vous êtes humain et juste ! Vous approuvez les résolutions que la prudence m'a dictées et ne me contraindrez pas à épouser un homme dont je n'approuverai jamais les sentiments. On me répète chaque jour que vous [ne] m'avez accordé la liberté que sous la condition expresse que je me marierais. Veuillez, Monsieur le Préfet, me permettre de différer encore. Daignez m'en croire. C'est des motifs basés sur la délicatesse qui me font agir. M. le directeur du dépôt pourrait vous instruire de la manière dont j'ai agi à l'égard du sieur Girod. J'ai consenti cependant lorsque j'ai vu son père, à partir avec eux pour aller vous parler. La bonté avec laquelle vous avez bien voulu me dire que vous ne vouliez que ma tranquillité m'a rassurée. Arrivée dans ce pays, je vois que l'on désire que je me marie. Comme je ne redoute rien tant que de me trouver dans de nouveaux embarras, j'ai cru nécessaire de vous instruire du dessein où je suis de différer, afin de le faire sans danger. Je désire, Monsieur le Préfet, que ce soit la dernière fois que j'interrompe vos occupations. Je suis confuse de voir mon nom aussi souvent réitéré dans votre administration. Que votre indulgence parle en ma faveur et me permette d'attendre un parti qui me convienne sans courir le risque d'être de nouveau arrêtée. La prudence dirigera toutes mes démarches, mais surtout le désir que j'ai de votre protection.

« Veuillez accueillir le sentiment rempli de reconnaissance de celle

qui a le bonheur d'être,

Monsieur le Préfet,

Votre très humble et très obéissante

Ch. Chappuis »

Et pour bien se faire comprendre du préfet, Charlotte ajoute ce post-scriptum explicite : « Je crois devoir vous prévenir, Monsieur le Préfet, que je suis placée dans une maison bourgeoise. Je vous supplie de m'autoriser à rester pendant le séjour que je ferai ici attendu que la décence ne me permet pas d'habiter une maison où l'on a des prétentions sur moi. »

On n'est jamais libre à moitié. Extraite de sa prison, rendue au grand air et lâchée dans ces vertes montagnes du Jura, Charlotte n'avait donc mis qu'une semaine à redevenir l'incontrôlable princesse dont la France ne savait plus que faire.

L'honnête maison des Clément, braves tanneurs de Champagnole, n'avait jamais connu pareille animation. La jeune femme y régnait par la seule intensité de son caractère ; et sa réputation, bientôt, dans un village où la rumeur court plus vite que les remous de l'Ain, amena une cour d'admirateurs extatiques. Comme à Salins, ils arrivaient, les vieux grognards, les demi-solde, les amputés qui avaient vu l'Empereur à Wagram ou à Essling et venaient retrouver, dans l'œil de sa fille morganatique, l'éclair qui avait embrasé leur vie. Se présentaient aussi de dignes messieurs en redingote démodée, des médaillés au chapeau râpé, fonctionnaires révoqués en 1815 et qui espéraient, contre toute raison, un nouveau retournement politique pour retrouver une place dans l'administration. Il venait aussi des curieux, des commères, des gamins qui criaient « Vive l'Empereur ! » comme on jure dans le dos du curé, et aussi quelques gandins à bonnes fortunes qu'amusait la comédie des Girod-Genet, et qui se demandaient sans doute si, par hasard, ils n'auraient pas plus de succès auprès de la princesse capricieuse.

Bref, Champagnole devenait l'ultime capitale de l'Empire français : une cour se reconstituait, pauvre et provinciale sans doute, mais non moins agitée d'espérances folles, manœuvres et petits complots de salon que celles des Tuileries ou de la Malmaison... Charlotte, qui avait redouté l'ennui, n'avait plus un instant à elle et, tandis que les Clément vaquaient à l'intendance de ses menus plaisirs, elle trônait.

Dans la foule de ses courtisans, un visage émergea soudain : un bel homme, la quarantaine, d'allure débonnaire et débordant de santé. Jacob Muller, le maître de forges, avait quitté sa tréfilerie pour la voir. Celui-là n'est pas dans la gêne : coquettement habillé à la mode anglaise, ce dandy ne pouvait que retenir l'attention de Charlotte. Il l'écoutait avec plaisir, l'admirait d'un air éperdu qui faisait jaser les dames, et s'enhardit à lui raconter comment, au siège de Lyon, en 1815, il s'était battu contre les Autrichiens. La princesse entendit le récit de ses exploits avec mansuétude et Jacob l'assura qu'il lui présenterait son compagnon d'armes et ami, le général Delort, vétéran de l'Empire, blessé à Waterloo. Quand Charlotte et Jacob, au fil de leurs bavardages, s'aperçurent qu'ils étaient nés tous deux un 22 août, peu importa le nombre d'années qui pouvait séparer les deux naissances : leur communauté d'esprit était acquise.

Peu sentimental, et sans doute un peu timide malgré l'aisance de sa fortune, Jacob Muller traita en homme d'affaires : puisque Charlotte n'avait pas de moyens d'existence, et qu'elle ne voulait pas dépendre des Girod-Genet, il se chargeait de lui procurer un emploi aux écritures dans ses établissements.

15

Pleine de ruse et d'artifice

« MONSIEUR LE PRÉFET, ÉCRIT CHARLOTTE LE 8 AVRIL 1817, JE prends la liberté de vous instruire d'un arrangement que la prudence exige de moi. La division qui existe dans ma famille me promet peu d'y trouver la protection dont j'ai besoin en ce moment. Comme vous vous opposez à ce que je me fixe dans la famille Besand à raison de mon séjour à Salins, que vous ne permettrez sans doute pas que je me charge de l'éducation de la jeunesse, ma position exigeant cependant que je me livre à une occupation lucrative jusqu'à ce que je m'établisse, j'ai cru devoir chercher à me procurer une existence fixe et honnête en faisant usage de l'intelligence que je puis avoir. Assez et trop longtemps, elle fut occupée à des choses dont je connais l'abus. Dans toutes les circonstances, j'espère, Monsieur le Préfet, vous en donner des preuves.

« La grande considération dont jouissent MM. Muller (négociants) dans cette contrée m'a suggéré de m'adresser à eux. Il se trouve que je puis devenir utile dans leurs établissements. L'emploi qu'ils peuvent me donner me convient sous tous les rapports, particulièrement sous celui d'assurer ma tranquillité. J'ai donc pris les arrangements que j'ai crus favorables à ma situation actuelle. Ce sont ces arrangements que j'ai l'honneur de vous soumettre, car je n'ai pas oublié que, quoiqu'orpheline, j'ai le bonheur de posséder un père administratif qui veut bien me prodiguer ses conseils et diriger désormais ma conduite. Veuillez, Monsieur le Préfet, donner votre agrément à mes projets ; surtout êtes persuadé que quelle que soit votre décision, je la suivrai avec une entière soumission. Tels sont les sentiments que je vous prie d'accueillir ainsi que le profond respect avec lequel j'ai l'honneur d'être avec reconnaissance,

Monsieur le Préfet,

Votre très humble et très obéissante

Ch. Chappuis »

Avec une telle « soumission », pas besoin de désobéissance, se dit le préfet du Jura. Charlotte sort de détention pour se marier avec son cousin ; moins d'un mois plus tard, elle a déjà quitté son fiancé, reconstitué une cour à Champagnole et trouvé un nouveau chevalier servant… Quelle diablesse, qui maintenant joue la comédie de la jeune fille modèle et fait mine de demander conseil à son « père administratif » !

Pourtant, est-ce si grave ? Si une autre famille, plus fortunée que les Girod-Genet, s'offre à accueillir l'orpheline et à lui procurer un mari, le changement est-il considérable ?

L'inconvénient est qu'il s'agit justement d'une riche dynastie de maîtres de forges, qui pourrait donner des moyens financiers à la cause bonapartiste.

Et puis, dans les familles bourgeoises, on se méfie des fiancées sans dot. Les Forges de la Serve, à Champagnole, ont été fondées au siècle précédent par un Lyonnais d'origine suisse, Jean-Baptiste Abraham Muller. Celui-ci a bâti une solide fortune sur une idée simple : comme il le faisait dans ses manufactures de textile, tirer du métal en fusion du fil et non des tôles, pour en faire des tiges et des clous. Sa « filature de fer », première tréfilerie de la région, a d'autant mieux marché que ses machines étaient actionnées et refroidies par les eaux de l'Ain, qui déferlent dans la vallée, fournissant gratuitement leur puissance inaltérable et leur trempe. Jean-Baptiste Abraham Muller, qui a mis sa famille à l'abri du besoin, vient de décéder en janvier 1817. Les Forges sont maintenant aux mains de son fils cadet Jacob, à Champagnole, mais il y a aussi un fils aîné, Barthélemy Abraham, qui vit à Lyon. Or, lorsque celui-ci apprend que son jeune frère s'est laissé séduire par une gourgandine, il n'hésite pas à alerter monseigneur le ministre de la Police générale lui-même. Et c'est ainsi qu'Élie, duc Decazes, qui croyait l'affaire réglée, retrouve sur son bureau des nouvelles de la fille Chappuis :

« Monseigneur,

« Abraham Muller fils aîné, maître de forges demeurant à Champagnole au Jura, et depuis trois mois à Lyon pour cause de maladie, a l'honneur de vous exposer qu'une jeune personne, âgée de 22 ans nommée Caroline Chapuis *(sic)* placée sous la surveillance de la Police générale, a pour le malheur de l'exposant été envoyée depuis un mois et demi en résidence à Champagnole, sous la surveillance du maire de ladite commune par ordre de Monsieur le Préfet du Jura.

« Ladite Caroline Chapuis pleine de ruse et d'artifice abusant de la jeunesse de mon frère cadet, s'est introduite dans les forges à Champagnole, où j'avais laissé mon dit frère et associé ; elle l'a si bien investi qu'elle est devenue maîtresse du local, qu'elle en dispose à son gré et désorganise totalement notre établissement.

« Ce que dessus, Monseigneur, n'est que d'intérêt particulier ; mais vous êtes le protecteur des arts et manufactures. En conséquence, vous ne verrez pas sans peine, un établissement de 200 ouvriers, au moment d'être entièrement bouleversé. Cela suffirait pour armer votre autorité.

« Mais en sauvant l'existence et la fortune d'un manufacturier, vous prévenez en même temps, Monseigneur, des troubles qui doivent nécessairement résulter d'une plus longue résidence de ladite Caroline Chapuis à Champagnole.

« Cette fille qui ne craint de se dire fille naturelle de Napoléon Bonaparte, attire dans mes foyers au dit Champagnole, tous les retraités de Poligny, Salins, Arbois, de tous les environs, même de Suisse ; par leur affluence et leurs transports successifs, mes forges passeront bientôt pour un foyer de révolution.

« Dès l'instant que la fille Chapuis est sous la surveillance de la Police générale, elle est dès lors, Monseigneur, à votre disposition. Vous pouvez fixer son séjour là où il vous paraîtra convenable.

« Je vais en conséquence, Monseigneur, vous supplier instamment :

« De vouloir bien ordonner que ladite fille Chapuis sera priée de se retirer tel autre part qu'il vous plaira d'indiquer, et sur le plus bref délai, pour faire cesser les réunions trop nombreuses et même inquiétantes qu'elle occasionne au dit Champagnole.

« Vous observant, Monseigneur, qu'il est important que cette personne soit éloignée des frontières.

Daignez agréer,

l'hommage de mon profond respect,

Abr. Muller fils aîné

Lyon le 30 mai 1817 »

La maladie n'a sans doute pas rendu bienveillant l'aîné des Muller, qui non seulement implore le ministre de mettre la fille « Chapuis » au secret, mais fait agir, localement, ses obligés. Le 3 juin 1817, c'est un adjoint au maire de Champagnole qui, « en l'absence de Monsieur le Maire », dénonce les agissements de la séductrice à M. le préfet du Jura :

« Monsieur,

« Il est de mon devoir, comme remplissant les fonctions du ministère public près de ladite commune, de vous informer que la présence de Charlotte Chapuis *(sic)* mise en surveillance dans cette commune est et peut devenir très dangereuse sous le rapport politique et moral.

« Sous le rapport politique, cette fille a et peut avoir une influence fâcheuse dans les circonstances pénibles où nous sommes ; elle a, depuis les premiers moments de son arrivée dans cette commune, fait croire à mainte et mainte personne de l'endroit, ainsi que des personnes du voisinage, qu'elle appartenait comme fille illégitime de Bonaparte. Cet aveu de la Chapuis ne prend que trop dans ce pays. Actuellement elle habite l'usine de M. Muller, qui renferme 300 ouvriers et journaliers, et lorsque la Chapuis se présente dans leurs ateliers, en la voyant, les ouvriers parlent en faveur de l'usurpateur qui a tant fait de mal à notre patrie ; elle a par sa présence, la même influence envers nos campagnards ; sous ce rapport sa présence est dangereuse. Cette fille se fait conduire chaque jour dans les villages voisins. Les campagnards s'empressent de la voir, ils se portent en foule à son respect sur son passage, et disent ouvertement "c'est la fille de Buonaparte, il n'est pas éloigné de rentrer en France, puisque sa fille est déjà à Champagnole".

« Sous le rapport de la morale, les courses journalières qu'elle fait en voiture, accompagnée de Monsieur Muller, tant dans les villages voisins que dans les forêts de la commune où se trouve actuellement la distribution du bois affouagé, prêtent à causer et en même temps donnent un sujet de scandale, soit pour les jeunes personnes du sexe, soit pour les âmes honnêtes. De pareilles parties portent atteinte aux bonnes mœurs.

« D'après toutes ces observations que j'ai l'honneur de faire à M. le Préfet, je pense qu'il voudra bien les prendre en considération, soit pour la tranquillité du pays, et en même temps pour le respect aux mœurs, de vouloir bien éloigner de la commune de Champagnole, la personne qui y cause tant d'ombrages. »

L'auteur de ce brûlot, un certain Dolard, a lui-même alerté le sous-préfet de Poligny qui, le 7 juin, abonde dans son sens en écrivant à son préfet qu'il « a vu avec regret le renvoi de la demoiselle Chapuis du dépôt de mendicité, seul asile sûr qu'offre ce département aux personnes de cette espèce ; et partageant entièrement l'opinion de Monsieur l'adjoint de la commune de Champagnole est d'avis que la demoiselle Chapuis soit éloignée non seulement de cette commune, mais encore de l'arrondissement où cette impudente coquine a exercé une influence, quoique incroyable, sur tous les esprits faibles, et est devenue le jouet de la malveillance.

« En conséquence le soussigné réclame avec instance, vu l'urgence, la fermentation actuelle des esprits et les événements, qu'il soit pris une mesure de haute police à l'égard de la fille Chapuis. »

Il va falloir rappeler *Mutinus*.

16

Liberté

Une fois de plus, la fille de Napoléon semble victime de son charme. Comme si sa rayonnante beauté devait obstinément agir contre elle, tout semble se liguer pour la claquemurer définitivement. Les institutions de son pays qui cherchent à la caser, un futur mari dont elle ne veut pas, la famille Muller qui la rejette : plus aucune issue ne semble s'ouvrir à elle et, dans la petite chambre que lui ont concédée ses hôtes, elle n'a plus qu'à se laisser aller au désespoir.

Or, dans la nuit du 14 au 15 juin 1817, un bruit sec vient briser l'enfermement où se languit Charlotte. Autour de l'honnête maison des Clément rôde une silhouette mystérieuse. L'individu frappe à la fenêtre de la recluse.

— Charlotte ! ouvrez !

Une charnière grince, un volet pivote. On peut être ingénieur, industriel, quadragénaire honorablement connu dans le canton, et éperdument amoureux. Son frère n'avait pas tort, Jacob a perdu la tête : botté, vêtu de sombre, il tend les bras à Charlotte qui, d'un furtif mouvement des hanches, se réfugie tout contre lui, dehors. Jacob, organisé jusque dans la passion, a tout prévu : un manteau, deux chevaux, un passeport pour lui et un autre au nom d'une sœur qu'il n'a jamais eue... Ils s'enfuient. Il l'enlève.

À cet instant, Charlotte fait un dernier pied de nez au destin. Champagnole dort, les pouvoirs publics sont aveugles et Girod-Genet lui-même ignore encore qu'il est irrémédiablement cocu. Les deux amants trottent allègrement jusqu'aux limites de la localité puis, sur le grand chemin, galopent au plus vite vers la frontière. La Suisse est toute proche, sept lieues, à peine trente-cinq de ces « kilomètres » institués en 1800. Là-bas plus de rois, plus de contre-révolutionnaires : une petite démocratie paisible, respectueuse des droits et des gens, où l'on pourra s'aimer enfin !

Ils galopent donc, remontant la vallée, dans la fraîcheur nocturne de ce beau mois de juin. Charlotte rit à gorge déployée, rit du bon tour joué aux Girod-Genet, rit parce qu'elle est heureuse. Sait-elle que Bonaparte, dix-sept ans plus tôt, suivit le même chemin pour franchir les Alpes ? Car son père, en 1800, quand elle n'était qu'une enfant, est passé à Champagnole. Là il observa les Grandvalliers, ces habitants du Grandvaux qui, semi-nomades, passaient la moitié de l'année sur les routes en poussant d'énormes chariots que les marchands louaient pour transporter leurs marchandises à travers la France. Des Grandvalliers, Napoléon en recruta pendant près de vingt ans pour véhiculer ses canons et l'artilleur impérial les conduisit jusqu'aux portes du Kremlin. Ils virent Moscou en flammes, vécurent la retraite de Russie, et ceux qui ne basculèrent pas sous les glaces de la Berezina, lestés de leurs bouches à feu, en parlaient encore dans le pays, avec des accents d'épopée.

Charlotte à son tour traversait le Jura vers l'est et, pour elle, nul besoin de lourds charrois ni d'affûts, ni de Grandvalliers pour les manœuvrer. Elle était toute légèreté, démunie de tout équipement, de tout armement, presque nue sous l'épais manteau dont l'avait drapée son amant. Pour la première fois, elle était libre, pleinement.

Depuis deux ans, on l'avait enfermée, menacée, traitée de folle et de putain ; séquestrée à Baume-les-Dames, emmurée et torturée à Bellevaux, reprise et internée à l'hospice de Dole, dont elle n'avait pu s'extraire qu'en vue de partager la médiocrité d'un Girod-Genet. Et voici qu'un acte de volonté l'extirpait enfin de cette tourbe, qu'un homme avait pris parti pour elle et, pour elle, envoyait tout le reste au diable : préfet, sous-préfet, promesses de mariage, surveillance policière, tout s'évanouissait à mesure que les sabots ferrés de leurs montures, dans un jaillissement d'étincelles sur la route empierrée, les emportaient au loin.

Elle caracolait à ses côtés, jouant à le dépasser, mais il la rattrapait toujours, bien décidé à ne plus faire qu'un avec elle. Charlotte songeait à ses anciens maîtres de pension, au père Lachaire, lui expliquant fort doctement que la liberté ne consistait point à cavaler sans but, mais à obéir à la loi qu'on s'était soi-même fixée. Et elle riait car, en cavalant, en détalant ainsi, ce n'était pas sans but qu'elle transgressait les lois, mais pour défendre et vivre à plein cette liberté qu'on avait toujours cherché à lui ravir. La liberté, c'était si simple : il suffisait de la prendre, en fait, il fallait juste décider qu'on ne se laisserait plus intimider, quelles qu'en fussent les conséquences.

La liberté ? Mais elle était en elle à cet instant, elle l'incarnait, et confusément elle éprouvait ce sentiment que sa présence avait suscité depuis 1815, chaque fois que des Français avaient pu se rassembler autour d'elle. Autant Napoléon avait pu se montrer despotique, autant son souvenir était celui d'une émancipation, après le retour du roi : parce que cet homme avait enjambé les montagnes et les mers, propagé les conceptions révolutionnaires, refait à sa main les institutions de France et d'ailleurs, il avait démontré par l'exemple l'absence de toute fatalité, tandis que les nobliaux et ratichons de la royauté ne rêvaient que contraintes et châtiments. Un mouvement d'audace, enfin, et tout le fatras des interdictions s'écroulait, dérisoire.

Quand le jour se leva, Charlotte et Jacob avaient depuis longtemps dépassé Pontarlier, puis, à flanc de montagne, à travers bois, franchi la frontière suisse en un point inhabité. De là, on perd leur trace jusqu'au 1er juillet.

Une auberge, sans doute, en bord de lac, donna-t-elle asile à leur passion. Le maître de forges connut l'aventurière, et tant pis s'il avait deux fois son âge…

À Lausanne, devant notaire, ils signent un contrat de mariage qui les met en communauté de biens : « Les futurs se sont mutuellement donné la jouissance des biens du prémourant dont le survivant jouira à sa volonté à la charge pour lui d'élever et d'entretenir les enfants qui naîtront du présent mariage. »

Puis, le 1er septembre, leur course les conduit à Assens, près de Lausanne, où Jacob, là encore, a planifié l'opération en stratège. La fille de Napoléon est fière de ce général énergique et dévoué qui atteint son objectif : l'église catholique de cette localité majoritairement protestante, où un curé, deux témoins, attendent les promis.

« Le mariage civil n'étant pas en usage dans ce pays, j'ai donné la bénédiction nuptiale aux susdits Monsieur Muller et demoiselle Chapuis ledit jour premier septembre environ les neuf heures du matin dans l'église paroissiale sous le titre de St-Germain au dit Assens, en présence de Monsieur Jacob Francillon mercier et François Grenet demeurant tous deux à Lausanne[1] », certifie le prêtre.

Charlotte Chappuis, « l'impudente coquine », « pleine de ruse et d'artifice », « dangereuse pour les mœurs autant que pour la religion », devenait Mme Muller devant Dieu.

1. Acte de mariage : microfilm 0128582, Assens, canton de Vaud, Suisse.

17

Victoire

LE 15 JUIN 1817, L'AFFREUX GIROD-GENET PREND SA PLUME pour accabler le préfet de sa prose : « Je viens vous informer, monsieur, que la demoiselle Chappuis que vous avez confiée aux soins de M. Muller, à Champagnole, vient de s'évader. Elle a prévu qu'elle était répréhensible. Comme de vérité et d'effet sa moralité chez M. Muller a été dissolue, irrégulière et scandaleuse. J'ai beaucoup à me regretter de m'être intéressé au sort de cette fille ingrate ; mais je dois vous dire, monsieur le Préfet, que j'ai été trompé en voulant soulager l'innocence. Cette mégère, folle dangereuse, est partie dans la nuit du 13 au 14 du courant avec M. Muller, pour se rendre en Suisse, au moyen de se soustraire aux diligences de la police. M. le maire de Champagnole a délivré un passeport à M. Muller pour aller à Jougne, la même nuit de son évasion.

« Je vous supplie très humblement, Monsieur le Préfet, avec instance, de vouloir nous donner décharge de cette fille, afin de ne plus éprouver de désagrément à son égard. »

Le 17 juin, le maire confirme l'information, sans

toutefois admettre sa complicité dans l'opération. « Instruit par le public que Mlle Chappuis était partie avec M. Muller le 14 de ce mois, je me suis transporté à la forge pour m'assurer par moi-même de la vérité. [...] Je n'ai pu découvrir de quel côté ils avaient dirigé leurs pas. Aujourd'hui mardi 17 juin, ils ne sont pas encore de retour. Mlle Chappuis rentrera-t-elle à Champagnole, ou n'y rentrera-t-elle pas, c'est ce que j'ignore. Si par hasard M. Muller rentre seul, j'aurai l'honneur de vous en prévenir. »

Le 22 juin, « M. Jacob Muller et Mlle Chappuis ne sont pas encore rentrés au logis », constate le maire, faussement contrit. « Je viens d'apprendre par voie indirecte, qu'en partant de Champagnole, ils avaient tourné leurs pas du côté de la Suisse, se rendant à Yverdon. » Sans doute sait-il qu'ils sont allés plus loin, à Lausanne et Assens, mais envoyer sur une fausse piste tous les *Mutinus* de la police secrète, n'est-ce pas le dernier service que le brave Paget puisse encore rendre à son ami Muller ?

Celui-ci, fort habilement, écrit de son côté au préfet, car l'amour ne doit pas faire de lui un hors-la-loi ni le priver de sa fortune. C'est donc pour sauvegarder l'ordre public, explique-t-il, qu'il a temporairement éloigné sa Charlotte : « Je me fais un devoir de vous prévenir que voulant épouser Mlle Chappuis qui réside dans nos forges depuis deux mois, je suis contrarié par mon frère qui, se trouvant absent, n'a pu la juger que par de faux rapports.

« Je viens d'apprendre indirectement qu'il emploie non seulement auprès de vous, mais encore à Paris des moyens mensongers et calomnieux pour ternir sa réputation et la desservir. Il n'a osé les employer auprès de M. Paget maire de cette commune, convaincu qu'il se refuserait à vexer une personne dont la conduite lui est parfaitement connue.

« Craignant qu'il n'obtienne par des protections la permission de la faire enlever, j'ai pris le parti de l'éloigner pour quelques jours afin de terminer sans entrave notre union. Je crois devoir vous en instruire afin de déjouer ceux qui chercheraient à profiter de son absence pour lui nuire.

« Je suis persuadé, Monsieur le Préfet, que vous ne trouverez pas mauvais[e] la résolution que j'ai prise pour la soustraire à l'envie, et que vous voudrez bien la confier à mes soins, promettant de la ramener sous peu.

« Veuillez accueillir le profond respect avec lequel j'ai l'honneur d'être

Monsieur le Préfet,

Votre très humble et obéissant serviteur

Abraham Jacob Muller fils »

Ainsi, c'est pour empêcher que Charlotte ne soit enlevée que Jacob l'a enlevée lui-même... Et c'est seulement le 1er octobre 1817 que le maire de Champagnole peut aviser l'autorité préfectorale que les deux tourtereaux sont rentrés au bercail, après une escapade de trois mois qui a tout d'un voyage de noces. « J'ai l'honneur de vous prévenir que M. Muller Jacob est de retour dans ses forges, avec Mlle Chappuis pour épouse (il s'est marié en pays étranger).

Mlle Chappuis, actuellement Mme Muller, est-elle toujours sous ma surveillance, ou n'y est-elle plus ? »

La question a quelque chose de doucement narquois, comme si le maire, innocemment, se moquait de son autorité de tutelle, réduite à l'impuissance. Car les temps ont changé. Passé la Terreur blanche de 1815, les Français n'aspirent plus qu'au calme, à cette fameuse « tranquillité » à laquelle Charlotte elle-même s'est résignée. Les « ultras » n'ont plus d'audience et d'ailleurs la « Chambre introuvable » a été dissoute : un nouveau ministère, plus libéral, cherche à rassurer les électeurs censitaires comme le reste de la population sur le respect des libertés garanties par la Charte. « Louis, par la grâce de Dieu, roi de France et de Navarre », considérant que « la paix était le premier besoin » de ses sujets, leur a en effet octroyé une charte constitutionnelle qui définit les droits publics des Français. Sans doute celle-ci n'émane-t-elle pas d'une assemblée élue, contrairement à la Déclaration des droits de l'Homme et du citoyen de 1789 qu'elle vise à éclipser, mais les droits concédés par le monarque n'en apportent pas moins des garanties sérieuses aux populations bourgeoises.

Ainsi, « les Français sont égaux devant la loi, quels que soient d'ailleurs leurs titres et leurs rangs », proclame l'article 1er, montrant aux féaux et loyaux sujets de Louis XVIII que la Révolution n'a pas eu lieu en vain. Surtout, l'article 4 dispose que « leur liberté individuelle est également garantie, personne ne pouvant être poursuivi ni arrêté que dans les cas prévus par la loi et dans la forme qu'elle prescrit ».

Enfin, l'article 11 promet l'oubli des anciennes querelles en précisant que « toutes recherches des opinions et votes émis jusqu'à la restauration sont interdites. Le même oubli est commandé aux tribunaux et aux citoyens. »

Cette nouvelle politique s'applique aussi à la princesse napoléonienne de Champagnole. « Quelque irrégulière que paraisse la conduite de cette personne, elle ne présente cependant aucun fait qui ait le caractère d'un délit, et pour lequel on puisse la traduire devant les tribunaux », écrit ainsi le ministre de la Police générale au préfet du Jura, dès le 26 juin 1817. « Vous n'ignorez pas, d'un autre côté, que dans l'état actuel de notre législation, on ne peut prendre, par voie administrative, des mesures qui porteraient atteinte à la liberté d'un individu. D'après ces considérations, je vous engage à continuer de faire observer avec attention les démarches de la demoiselle Chappuis. Si elle accréditait, par ses propos, l'opinion fausse qu'elle est fille naturelle de Bonaparte, et si cette opinion propagée était une occasion de trouble et de désordre dans le pays, vous ne devriez pas hésiter à la dénoncer au procureur du roi qui dirigerait contre elle les poursuites convenables, et vous auriez pour lors le soin de m'en informer. »

Simple surveillance donc, et ne sévir qu'en cas d'agitation politique. Charlotte, fine mouche, se garde bien de provoquer le pouvoir au moment d'accéder à la respectabilité ; au fond, n'a-t-elle pas pris au mot ce régime ploutocratique et réactionnaire qui ne croit qu'en la fortune et en la religion ? Mariée devant Dieu à un riche maître de forges, n'a-t-elle pas accompli en quelques jours cette mue que la France d'après Waterloo va mettre des années à accepter, passant de la Révolution politique à la révolution industrielle et des canonnades victorieuses aux trépidations des machines-outils ? Les grands empires du XIXe siècle seront économiques et financiers, les champs de bataille prendront la forme de marchés internationaux et c'est en Bourse qu'auront lieu les grandes charges, les sièges, les assauts et les déroutes aussi : Charlotte l'a compris avant tout le monde, et s'il lui en coûte certainement de devoir en rabattre sur le panache et les atours, les titulatures princières et les tenues chamarrées, en femme pratique elle s'adapte au règne en noir et blanc de la bourgeoisie capitaliste.

Charlotte a toujours des ennemis pourtant, d'autant plus acharnés que son succès les met en rage. Une dernière tentative hostile vient donc du sous-préfet de Poligny, indécrottable chouan qui ne semble pas avoir perçu le nouveau cours politique quand il écrit à son préfet, le 9 juillet : Charlotte « prétend actuellement se marier avec M. Muller Jacob, de Champagnole, et demande en conséquence que la publication de ses bans ait lieu à Salins. Elle n'a pourtant pas dans cette ville une résidence suffisante pour y avoir occupé domicile. M. le maire n'avait pas cru devoir faire ces publications, et demandé qu'elles aient lieu à Auxonne, domicile désigné de la personne. »

Mesquinerie administrative d'autant plus absurde que ce serait plutôt à Arnay-le-Duc, sa ville natale, qu'il faudrait faire connaître le mariage de Charlotte. Auxonne, c'est le lieu où peut-être s'est nouée l'intrigue, la petite ville de garnison où le jeune Bonaparte fit de la jeune Cattin la mère de son premier enfant.

« D'un autre côté, ce mariage a lieu contre le gré de la famille Muller. Les principes politiques de la demoiselle, l'attachement qu'elle a ouvertement manifesté en la personne de l'usurpateur, la surveillance sous le poids de laquelle elle s'est trouvée, toutes ces causes ne pourraient-elles pas servir à appeler sur cette jeune personne l'attention du ministre de la Police, et peut-être à faire ajourner un mariage qui porte la désolation dans une famille, et perpétuerait dans une contrée des discordes politiques ?

« J'ai l'honneur, Monsieur le Préfet, de vous soumettre ces considérations en vous priant de vouloir bien les appuyer auprès de S. E., si elles vous paraissent le mériter. »

Cette formule de politesse alambiquée trahit le doute du fonctionnaire, qui se demande si sa hiérarchie le suivra dans sa vindicte. Or, le 18 juillet 1817, tandis que Charlotte et Jacob baguenaudent en Suisse, tout à leur amour, dans l'insouciance de leur lune de miel, la foudre ministérielle s'abat sur le bilieux sous-préfet de Poligny, qui reçoit du préfet les instructions agacées de Son Excellence M. le ministre de la Police générale. Le duc Decazes ne manque pas de noter qu'il a déjà indiqué la marche à suivre dans son précédent courrier, en date du 26 juin. « Je ne puis que m'en référer, à cet égard, aux principes que je vous ai rappelés dans cette dernière lettre ; ils ne permettent pas que l'autorité administrative prenne des mesures qui, en portant atteinte à la liberté individuelle, seraient en opposition avec l'article 4 de la Charte constitutionnelle. »

Pourtant, le ministre ne se borne pas à se répéter ; il apporte un élément nouveau en écrivant explicitement que « la demoiselle Chappuis ne doit point être considérée comme étant encore en état de surveillance, attendu que, d'après la loi du 12 février dernier, il ne peut exister aujourd'hui d'autres surveillances que celles qui résultent d'un jugement de condamnation. Elle n'était point, par conséquent, assujettie à résider dans la commune de Champagnole.

« Il est vrai qu'elle a contrevenu aux règlements en se rendant en Suisse sans avoir demandé et obtenu de passeport : vous ferez bien de provoquer sa punition pour cette contravention.

« Quant aux intérêts particuliers des frères Muller, il est fâcheux sans doute qu'ils soient compromis par la conduite du plus jeune et par la passion qu'il paraît avoir conçue pour la demoiselle Chappuis ; mais l'administration ne doit point intervenir dans les affaires de ce genre, si ce n'est par des voies de conciliation ; et, les mesures d'autorité qu'elle pourrait prendre, loin de remédier au mal, auraient probablement pour résultat d'établir la division entre les deux frères et de rendre leur rapprochement impraticable.

« Je vous réitère donc, monsieur » – et le ministre se montre ici cinglant, en ne se donnant pas la peine d'écrire « monsieur le sous-préfet », comme si son correspondant ne témoignait pas du discernement nécessaire pour mériter ce titre –, « l'invitation de vous borner à faire observer soigneusement la conduite de Ch. Chappuis, afin de pouvoir, au besoin, réprimer ses écarts par la voie des tribunaux. »

Enfin, la belle napoléonide a la paix, l'administration du royaume consent à la laisser tranquille. D'ailleurs, la « demoiselle Chappuis » n'existe plus. C'est désormais Charlotte Muller qu'il faut l'appeler.

18

Si recommandable comme épouse et comme mère

Le 24 septembre 1824, Charlotte et Jacob se remarient, à Champagnole cette fois. Le mariage suisse, par trop romanesque, contestable pour non-respect de certaines formes légales, est ainsi doublé d'une cérémonie en mairie parfaitement conforme au Code français : « Le mariage sera célébré publiquement, devant l'officier civil du domicile de l'une des deux parties. Les deux publications ordonnées par l'article 63, au titre *des Actes de l'état civil*, seront faites à la municipalité du lieu où chacune des parties contractantes aura son domicile. »

Sept ans après leur escapade, les amoureux confirment ainsi leur lien tout en régularisant leur situation. L'événement est d'autant plus marquant qu'il scelle aussi la réconciliation entre les frères Muller. Parmi les témoins, en effet, on trouve Jean-Baptiste Abraham, l'aîné grincheux de Jacob, qui manifeste ainsi son changement d'opinion. Charlotte est admise dans la famille, maintenant réunie.

Il faut dire que cette union a été prolifique : Édouard en 1821, Paul en 1822, Marie-Louise dite Sophie en 1823 et le couple remarié attend un quatrième enfant : ce sera Adrien, qui verra le jour deux mois et demi plus tard, le 7 décembre 1824. Que de connotations impériales dans ces prénoms, dont le moins surprenant n'est pas Marie-Louise, claire allusion à l'Impératrice… Trois ans après le remariage, un petit Joseph meurt en bas âge – Joseph, comme le frère aîné de Napoléon, réfugié aux Amériques –, et en 1830 survient le petit dernier, Jules – encore un prénom césarien.

Charlotte est heureuse. Cette « personne hors d'état d'élever sa jeunesse », selon sœur Élisabeth Bouvard qui trouvait « dangereux de confier à une semblable créature l'édification des demoiselles », se révèle une mère attentive et aimante. Dans la joie des épousailles, plus personne ne parlerait de la belle Mme Muller comme d'une « créature » ou d'une « aventurière ». N'est-elle pas quelque peu princesse, fût-ce par raccroc ? Et depuis que Jacob s'est déclaré, n'a-t-elle pas donné tous les gages d'une épouse fidèle et dévouée ? Rien à voir avec ces danseuses, croqueuses et autres femmes fatales qui font le malheur des familles bourgeoises, et chacun s'empresse d'oublier les préventions d'abord suscitées par la nouvelle venue.

En ce XIXe siècle tout à la fois grivois et collet monté, combien de notables en vue se compromettront-ils pour une grisette ? Combien d'industriels, de fils de famille viveurs et dévoyés engloutiront-ils leur fortune dans l'entretien d'une de ces lorettes, caillettes, cocottes, biches, lionnes et autres courtisanes qui règnent sur le Paris galant ? Or, Jacob Muller n'a que faire de ces aventures coûteuses, lui qui a l'aventure à la maison ; quant à Charlotte, prête à tout pour qu'on lui témoigne respect et considération, elle semble en revanche n'accorder qu'une attention médiocre au luxe et à la dépense. « Celui qui a des vertus n'a pas besoin d'argent », lit-on sur un brouillon qui figure parmi ses papiers, et cette maxime facile exprime sans doute d'assez près sa pensée. Exaltée, courageuse, passionnée, Charlotte a tous les traits d'une héroïne romantique, d'une de ces princesses amoureuses dont le jeune vicomte Hugo s'apprête à porter le type sur les planches du Théâtre-Français ; mais elle n'est pas intéressée ou du moins, si l'argent lui est utile comme moyen et garantie de sa liberté, elle ne le confond pas avec celle-ci, n'en fait nullement un idéal et sait, d'expérience, qu'il ne doit point être dilapidé vainement.

C'est ainsi que la « fille Chappuis », l'orpheline d'Arnay-le-Duc, la catin de grand chemin, l'ancienne détenue des dépôts de mendicité de Besançon et de Dole, se métamorphose en une dame estimable : celle que rencontre l'écrivain et académicien Étienne Jouy, de passage dans la région, qui publie ses *Essais sur les mœurs* en 1825.

« Champagnole est un grand et joli bourg, situé sur l'Ain, à trois lieues de sa source ; bâti au pied d'une montagne qui le cache, le menace et le protège, il est placé sur la ligne de démarcation qui sépare les forêts communales, de celles de sapins toujours verts ; son air est pur, et de tous côtés, on y jouit de l'aspect le plus agréable.

« Ce bourg par lui-même n'offrirait rien de remarquable sans les beaux établissements des frères Muller, qui répandent dans le pays le bien-être et l'abondance, en donnant de l'occupation à un nombre considérable d'ouvriers des deux sexes. La *filerie de fer* (qu'on pourrait appeler une *filature* depuis que ces habiles manufacturiers, en remplaçant les *tenailles* par des *bobines*, font tourner le *métal*, par les mêmes procédés que le coton ou la laine) ; cette filerie est une des plus belles de la France.

« Je connaissais MM. Muller de réputation ; ces deux citoyens, aussi recommandables par leurs qualités personnelles que par leur industrie, me reçurent avec beaucoup de cordialité ; une journée passée au sein de cette aimable famille amena la confiance…

« Le mariage du plus jeune des frères offre quelques circonstances d'un grand intérêt. En 1816, une jeune demoiselle dont l'esprit, les talents, l'instruction, égalaient l'amabilité, avait été mise en surveillance à Champagnole : on la disait fille naturelle de l'auguste captif de Sainte-Hélène, et on avait répandu et accrédité le bruit qu'elle avait fait avant la seconde restauration un voyage à l'île d'Elbe. M. Muller (Jacob) la voit, est charmé de son entretien, et en devient éperdument amoureux. Il prend la résolution d'unir irrévocablement sa destinée à celle de cette jeune et intéressante personne. Sa famille, ses amis, de puissants personnages s'y opposent ; les obstacles ne font qu'irriter sa passion. Les circonstances sont critiques et il est impossible d'en triompher. Les amants contrariés s'expatrient ; ils vont se réfugier dans le pays de Vaud, près Lausanne, et y sont d'autant mieux accueillis que le sujet des contrariétés qu'ils éprouvent est mieux connu.

« Les Vaudois délivrés de la tyrannie des magnifiques seigneurs de Berne par l'empereur Napoléon s'honorent de lui vouer une éternelle reconnaissance ; une demoiselle réputée sa fille, à tort ou à raison, leur inspire le plus vif intérêt. Les amants sont unis, et leur mariage est célébré dans l'église catholique de Lausanne. Les époux rentrent dans leur domicile en France. Cette union a prospéré. Madame Muller, aujourd'hui mère de quatre enfants, n'est pas moins distinguée par ses vertus civiques que par les qualités qui la rendent si recommandable comme épouse et comme mère ; elle a justifié la persévérance de son époux en faisant son bonheur et celui d'une famille dont elle est adorée. »

Bref, ils vécurent heureux et eurent beaucoup d'enfants… Parmi ceux-ci, le petit quatrième, Adrien, allait donner au conte de fées un prolongement politique.

19

Maîtresse de forges

Le 22 juillet 1832, au palais de Schönbrunn, à Vienne, un jeune prince tuberculeux rend son dernier souffle. La comète de 1811 n'annonçait décidément que des malheurs : Napoléon François Charles Joseph Bonaparte, dit « l'Aiglon », s'éteint sans avoir vécu, à vingt et un ans, faible et poitrinaire comme une jeune fille de mélodrame. Le roi de Rome, l'éphémère Napoléon II, titré « duc de Reichstadt » par l'Autriche, est inhumé en grande pompe, son cœur embaumé et scellé dans une urne, selon l'usage des Habsbourg.

Quand la nouvelle arrive en France, l'émotion qui secoue les milieux impériaux ébranle tout particulièrement Charlotte. L'Empereur n'a plus de descendance légitime directe. Les bonapartistes se tournent vers son frère Louis Bonaparte, ancien roi de Hollande, et le fils de celui-ci, Louis-Napoléon ; le comte Léon, fils adultérin de l'Empereur, croit lui aussi son heure venue, multipliant les dettes et les revendications intempestives. Mais Charlotte sait, elle, que Napoléon a maintenant des petits-enfants mâles, des héritiers directs qu'elle lui a donnés, sous le nom de

Muller, et en faveur desquels une régence pourrait être proclamée.

Son fils aîné, Édouard, à quelques jours près, est même né du vivant de l'Empereur : le 29 avril 1821, soit une semaine avant que Napoléon rende l'âme à Sainte-Hélène. Héritage difficile à porter pour un garçon sensible et vif comme Édouard, qui a donc onze ans à la mort de l'Aiglon. Lui n'est pas poitrinaire, il a du caractère et de la volonté. Depuis sa plus tendre enfance, on l'appelle « le tyran », et ce que ce surnom pouvait avoir de drôle et d'affectueux, pour le petit-fils de l'Empereur, s'évanouit à mesure que son égocentrisme et ses sautes d'humeur effraient ses frères et sœurs.

L'ami de la famille, le général Delort, s'en désole. Celui-ci a son nom gravé sur l'Arc de triomphe. Ancien soldat de l'an II, ancien de la campagne d'Italie, c'est un brave qui a connu l'Empereur, à Austerlitz, à Waterloo ; Jacob l'avait rencontré à Lyon, où il s'était battu sous ses ordres en 1815, avant de devenir son ami. Avec fierté, il l'a invité à son mariage de 1824. Le général fait alors au jeune couple un cadeau somptueux : « La pendule qui vous est destinée est un bel ouvrage, écrit-il alors à Charlotte. Elle représente l'abdication de Sylla, mais l'illustre rival de Marius vous apparaîtra sous les traits d'un homme bien plus extraordinaire. Cette figure, pleine de noblesse et de dignité, est d'une ressemblance frappante qui vous réjouira l'âme ou plutôt qui remplira souvent vos yeux de larmes… » Le vieux grognard reconnaît en Mme Muller la fille de Napoléon. Depuis sa propriété d'Arbois, ou bien de Paris où l'appellent ses occupations politiques, le général Delort n'oublie jamais sa protégée de Champagnole ni son filleul Adrien, qu'il adore.

Homme d'ordre et de discipline, le vétéran d'Austerlitz réprouve toutefois le laxisme dans lequel grandissent les enfants Muller. « Dieu sait comment ils vivent ! Ils se gorgent souvent de viandes épicées, et de sucreries échauffantes, se plaint-il à leur mère. Il leur arrive même de ne pas manger, pendant un long dîner, le plus léger morceau de pain. Ils font à peu près impunément toutes leurs fantaisies. Vous leur donnez tout ce qu'ils convoitent. Avec un tempérament de fer, on ne pourrait résister à de telles épreuves. Mais, mon Dieu, votre tendresse sera-t-elle toujours tellement aveugle, que vous ne puissiez rentrer dans la bonne voie. J'ai donc bien peu d'ascendant sur vos esprits, ô papa, ô maman, si mes conseils, si mes pressants conseils n'ont été jusqu'à ce jour suivis d'aucun effet. »

Les conseils éducatifs du général Delort ne se doublent-ils pas d'un souci politique ? Sans doute, il aime et soutient cette famille Muller, allant jusqu'à marier sa nièce au second fils, Paul. Mais en son for intérieur, le vieux bonapartiste ne rêve-t-il pas de voir s'élever ces petits-fils de l'Empereur, dont il faut faire des hommes ?

« Je vous ai avertis mille fois que vous aviez une tendresse aveugle et coupable pour vos enfants ; que la première éducation étendait son influence sur toute la vie et que vous leur prépariez un funeste avenir par d'excessives complaisances. Il est temps de marcher dans une autre voie, si vous voulez que vos fils soient des hommes forts, sages, éclairés, si vous voulez diminuer pour eux et pour vous la somme des maux qui tourmentent notre malheureuse vie. Élevez-les donc de manière à les rendre sains et d'esprit et de corps. Moins ils auront de besoins et plus ils seront heureux. Apprenez-leur, et par exemple, à montrer dans l'adversité et contre les coups de la fortune un courage indomptable. Il est temps que votre mari s'affranchisse du joug et ne se soumette plus, et à discrétion, aux caprices de son fils aîné. »

Édouard ? Charlotte lui a tout passé, tout pardonné ; au lieu d'étudier le droit et la politique, il a fait médecine ; puis il s'est entiché d'une fille de rien qu'il a épousée sur un coup de tête, comme l'avait fait son père, et qu'il idolâtrait. Charlotte l'a laissé faire, jugeant que l'amour est le seul guide à suivre ; cette fille est morte et Édouard, dans le petit château où il s'est installé, a d'abord refusé de l'enterrer. Devant l'insistance du maire et des gendarmes, il a organisé un convoi funèbre, mais chacun sait dans la famille que le cercueil ne contenait que des billes de bois… Sa femme, Édouard l'a incinérée lui-même, dans sa cheminée, pour en recueillir les cendres – dont il sale chaque jour ses repas… Pour la faire revivre en lui, pour ne plus faire qu'un avec elle…

Un jour, trouvées dans un tiroir, des lettres entourées d'une faveur lui apprennent trop tard que sa femme adorée le trompait. Il disperse avec horreur le reliquat de cendres et cherche à extirper de son corps les particules assimilées de la morte infidèle. Pour ce faire, il invente le « laryngoscope Muller », sorte de pince chirurgicale dont il passe des heures à se triturer le gosier... Édouard sombre dans la folie, ne vivant plus que pour ses chevaux. Chaque fois que l'un d'eux meurt, il en fait tanner la peau : il demandera d'être enterré avec cette cavalerie fantôme, comme un satrape oriental.

Paul, le second fils de Charlotte, est tout aussi fantasque. Arrivé à Paris pour y suivre des études, il fugue en Italie. Plus tard, pour un motif inconnu et certainement scandaleux, il se réfugiera à Naples, laissant en France des monceaux de dettes.

Charlotte, dans sa vieillesse, n'est donc pas au bout de ses peines. Heureusement, il y a son troisième fils, Adrien, qui se conduit bien, sous la direction de son parrain.

Le général Delort, justement, est devenu député du Jura, puis aide de camp de Sa Majesté Louis-Philippe Ier, roi des Français. Surgie des barricades en 1830, la monarchie de Juillet a rétabli le drapeau tricolore, contre le drapeau blanc des Bourbons : régime parlementaire, quoique censitaire, elle se réclame des idéaux de la Révolution et fait appel aux vétérans de l'Empire. Le général Delort fait partie de ces vieilles gloires indomptables qui cherchent à réconcilier les Français ; Daumier le caricature sous les traits d'un vieux lion, sans parvenir à le rendre ridicule, tant il émane de ce septuagénaire cabossé un air de bonté et de dignité.

Le 19 novembre 1836, Jacob Muller s'éteint, à l'âge de

soixante-trois ans. Charlotte est veuve. L'homme qui l'avait enlevée, presque vingt ans plus tôt, dans un moment d'audace qui avait changé le cours de leur existence, cet homme n'est plus qu'un corps sans vie, que pleure une famille nombreuse. Charlotte, malgré son chagrin, doit prendre en main les destinées du clan ; Jacob lui laisse pour la soutenir une petite fortune, évaluée à 1 200 000 francs-or : non seulement la famille Muller est la plus riche de Champagnole, mais elle compte parmi les plus aisées du département. Voici Charlotte « maîtresse de forges », l'une des seules femmes de France à gérer une société industrielle.

En octobre 1840, elle est à Paris, où le général Delort lui fait visiter la Chambre des députés. Du Palais-Bourbon, rue de l'Université, Charlotte n'est pas loin de l'ancienne pension Lachaire où, dans sa jeunesse, elle avait appris à se conduire en femme du monde éclairée – et sans doute, à l'âge mûr, commence-t-elle à ressentir les tressaillements de la nostalgie. Mais une émotion plus forte encore l'attend les semaines suivantes, car on peine à imaginer qu'elle ait fait le voyage de Paris pour ne pas rester au moment de la cérémonie dont tout le monde parle alors depuis plusieurs mois : le retour des cendres de l'Empereur, le 15 décembre 1840.

Ce père qu'elle n'a pas connu, cet empereur déchu qui s'est éteint à Sainte-Hélène, revient reposer « sur les bords de la Seine, au milieu de ce peuple français que j'ai tant aimé », comme il l'avait souhaité en codicille à son testament. Le général Delort, nommé pair de France trois ans plus tôt, assiste aux premières loges à la cérémonie.

Ramenée de Sainte-Hélène par le prince de Joinville, fils du roi Louis-Philippe, à bord de la frégate *La Belle Poule*, escortée de la corvette *La Favorite*, la dépouille impériale est arrivée à Cherbourg le 30 novembre. De là le vapeur *La Normandie* la transporte au Havre, d'où elle remonte la Seine sur le vapeur *La Dorade*, qui la dépose à Courbevoie. Une colonne votive, un temple grec, s'élèvent alors sur ce quai de banlieue pour immortaliser l'événement.

Le 15 décembre, dans un froid qui rappelle aux vétérans la retraite de Russie, un imposant cortège traverse Neuilly et Paris jusqu'aux Invalides, dernière demeure de Napoléon. Tout au long du parcours, des mâts de drapeau, des statues allégoriques – faisant rejaillir sur le pacifique régime du roi-bourgeois Louis-Philippe toutes les gloires du Consulat et de l'Empire. Sur l'Arc de triomphe pavoisé de flammes tricolores arborant les noms des armées victorieuses, un groupe colossal représente Napoléon, debout devant son trône, entre le génie de la Guerre et celui de la Paix. Aux angles, deux statues équestres figurent la Grandeur et la Gloire, et trente-quatre obélisques, chacune couronnée d'un globe supportant l'aigle impériale aux ailes déployées, bordent les Champs-Élysées. Chacune aussi porte un écusson où flamboie le nom d'une bataille, flanqué de quatre drapeaux tricolores. Dans les intervalles entre les obélisques, trente-six blanches statues de Victoires ailées se dressent, sur des piédestaux de trois mètres de haut, chacune entre deux trépieds dorés d'où s'échappent des flammes de couleur.

Arrivée au véritable obélisque, place de la Concorde, la procession s'engage sur le pont, lui aussi orné de colonnes et d'aigles, entre huit statues figurant la Justice, la Prudence, la Force, la Guerre, le Commerce, l'Agriculture, les Beaux-Arts et l'Éloquence. Au débouché du pont, devant la colonnade du Palais-Bourbon, une colossale Immortalité semble saluer le défunt.

C'est bientôt la traversée de l'esplanade des Invalides, où trente mille Parisiens recueillis sont assis, transis de froid, sur des gradins que surmontent les trente-deux statues géantes des grands capitaines de France.

Le char funèbre lui-même paraît un monument roulant : noir et or, aux roues pleines et dorées, couvert d'une draperie qu'orne le fameux N aux lauriers du chiffre impérial, il semble une ziggourat babylonienne que traîneraient, attelés quatre par quatre, seize chevaux noirs empanachés, caparaçonnés de housses d'or armoriées. Les restes mortels de l'Empereur, enchâssés dans un catafalque garni de crêpe translucide, dominent la ville et la foule à dix mètres de hauteur, portés par quatorze sculptures de femmes figurant les victoires du stratège.

Ce n'est plus un hommage funéraire, mais un triomphe à l'antique, et Louis-Philippe en bafouille d'émotion lorsque son fils, aux Invalides, lui dit :

— Sire, je vous présente le corps de l'empereur Napoléon.

— Je le reçois, au nom de la France, hoquette péniblement le souverain, dépassé par l'ampleur de la cérémonie.

Où Charlotte se trouve-t-elle quand passe ce corbillard formidable ? Au milieu du peuple qui grelotte et pleure tout en regrettant le bon temps de l'Empire, dans les rues glaciales de la capitale ? Ou bien le général Delort lui a-t-il obtenu, par faveur, un strapontin sous le dôme des Invalides, là où les parlementaires choquent les vétérans de l'Empire en accueillant par des murmures et des plaisanteries, comme des collégiens dissipés, les cendres de l'Empereur ? Aucun document, hélas, ne mentionne la présence de Mme Charlotte Muller, et sans doute la fille de Napoléon versa-t-elle bien des larmes, dans son coin, au moment où la France rendait hommage à ce père impossible et inaccessible dont la succession même paraissait hors d'atteinte.

20

La fin de Mutinus

Le 28 mars 1846, à Arbois, s'éteint le général Delort, pair de France : Charlotte perd un ami, un soutien, et son fils Adrien son cher parrain qui l'avait fortifié dans ses ambitions. Quatre mois plus tard, c'est le chef de la maison impériale officielle, Louis Bonaparte, frère de Napoléon, qui s'éteint à Livourne, en Toscane. Les droits sur la couronne impériale passent donc à son fils Louis-Napoléon, qui vient, le 25 mai, de s'évader du fort de Ham.

Ce prince y était détenu suite à une tentative de coup d'État. Espoir du clan bonapartiste, Louis-Napoléon incarne la possibilité d'une résurgence impériale, quoique, de notoriété publique, le prétendant n'ait sans doute pas une goutte de sang Bonaparte dans les veines.

Son père, Louis, en effet, marié par son frère à Hortense de Beauharnais, ne s'est guère entendu avec elle, qui s'empressa de fuir le climat hollandais pour une vie mondaine et dissipée. En 1808, quand naît Louis-Napoléon Bonaparte, sa mère a plusieurs amants, pères putatifs du futur empereur. Un amiral hollandais, un écuyer français – et surtout, disait-on, le jeune Élie Decazes, futur ministre de la Police générale et duc, le persécuteur de Charlotte !

Ainsi, l'ambitieux personnage n'avait pas seulement supplanté Fouché au ministère de la Police générale : sans doute s'était-il d'abord immiscé dans la succession impériale en faisant de la reine Hortense sa maîtresse ; et Charlotte, dans son salon, quand elle entendait ces rumeurs, comprenait tardivement pourquoi, si longtemps, elle fut enfermée et malmenée par un ministre peut-être soucieux de favoriser les menées de son enfant naturel à lui, plutôt que de laisser poindre une dynastie nouvelle. Il l'avait fait enlever, l'avait mise au secret, et n'avait cessé de la tourmenter qu'une fois en possession d'aveux extorqués sous la contrainte, par lesquels la jeune fille violentée renonçait à son ascendance impériale. Ainsi va la soif de pouvoir, sans limites, sans bornes morales. Le petit Élie Decazes de la police politique, devenu le puissant Élie, duc de Cazes, méritait bien le blason que lui avait octroyé Louis XVIII : d'argent, à trois têtes de corbeau arrachées, armoiries sinistres et pour ainsi dire parlantes d'un délateur cynique, prêt à tout pour parvenir.

Celui-ci a quitté le pouvoir en 1820, Charlotte sait qu'il ne peut plus lui nuire ; retiré dans son château de Gironde, il se consacre surtout aux affaires, finançant dans l'Aveyron la construction d'une cité minière qui prendra son nom, Decazeville.

Fouché, quant à lui, est mort depuis longtemps,

fin 1820, en exil à Trieste. Seul *Mutinus* se préoccupe encore de Charlotte, c'est lui qui a son dossier. Qui d'autre que lui aurait pu le constituer ? Qui détenait les brouillons saisis chez Charlotte, les lettres interceptées à Bellevaux, qui pouvait avoir copie des correspondances administratives concernant Charlotte, sinon l'agent secret chargé de sa surveillance ? Longtemps ce dossier avait été son instrument de travail ; puis, Charlotte mariée, embourgeoisée, il devenait son viatique.

Les policiers de profession perçoivent une petite retraite, mais les clandestins comme lui, les indicateurs, les informateurs, n'ont pas le moindre statut. Trop vieux pour courir le pays, fatigué, malade, *Mutinus* n'a plus même la force des longues stations dans les cabarets, où il boit trop pour rédiger ensuite des rapports clairs sur les conversations politiques. Les fonds secrets ne vont plus à lui, c'est la débine et la dèche.

Alors, il marche sur Champagnole, où il demande à voir « Mme Muller ». Celle-ci reçoit, en sa demeure, dans une pièce richement ornée qu'elle a baptisée le « salon Napoléon ». Là trône, comme un monument auguste, la pendule à l'effigie de son père que lui a offerte le général Delort, pour son mariage. C'est dans cette réduction de palais impérial qu'elle traite visiteurs et solliciteurs, nombreux à faire antichambre, car la dame passe pour sensible et généreuse. Les pères de famille nombreuse, les invalides de guerre, les derniers grognards, ne partent jamais sans un mot de réconfort et un petit pécule. Elle prête aussi de l'argent à la commune, afin que soient ouverts des ateliers de charité pour les ouvriers sans travail.

Quand se présente à elle ce gnome blafard, gras jadis et qui n'est plus que flasque, Charlotte met quelques secondes à reconnaître le sinistre individu à qui elle a affaire : l'homme qui l'avait fait enlever à Baume-les-Dames, tuant Gert ; le sbire en civil qui accompagnait les gendarmes, à Salins ! Son mauvais ange, toujours aussi peu avenant d'ailleurs, et miné maintenant par les affections de la vieillesse.

Sa mise sordide, ses vêtements élimés, disaient assez que les jours fastes étaient derrière lui. Sans doute *Mutinus* payait-il aussi les conséquences d'une vie de débauche ; ayant dépensé tous ses gains dans les mauvais lieux, il n'en avait retiré que des joies fugaces et des maux incurables. Fantôme alcoolique et syphilitique, c'était un débris humain qui venait à elle, un paquet sous le bras.

— J'ai là des documents… compromettants, marmonna-t-il.

Quand elle comprit que cette épave prétendait la faire chanter, Charlotte partit d'un grand éclat de rire. Dévoiler le scandale ? Mais tout Champagnole, toute la vallée savait pour sa mère et Bonaparte, il y avait bien longtemps que plus personne ne s'indignait de cette histoire !

— Toutefois, monsieur, ces papiers m'intéressent. À titre de souvenirs…

Mutinus n'était pas en position de négocier grand-chose, pauvre clochard venu déranger l'altière maîtresse de forges. Quand il vit glisser, dans sa paume, quelques pièces d'or, il se retira, soulagé du répit que lui procurait cette manne.

Charlotte examina, page à page, le dossier qu'elle venait d'acquérir à si bon compte, et sa jeunesse aventureuse défila devant elle. Comme son illustre père, elle aurait pu dire : « Quel roman que ma vie ! » Comme lui, elle avait avancé, chargé, de coup d'audace en coup de sang, laissant derrière elle ses morts au champ d'honneur : Gert, qui avait payé sa fidélité de sa vie, la pauvre Fanchon, ruinée par elle et dont elle n'avait plus retrouvé la trace, Jacob, qui lui manquait tant à l'âge des cheveux blancs… Elle se contenta de ravaler ses larmes et rangea la liasse dans son secrétaire : nul scandale là-dedans, se disait-elle, mais la preuve qu'elle avait bel et bien été détenue comme « fille de Buonaparte », la preuve aussi qu'on l'avait forcée à renier son ascendance et que ses « aveux » étaient nuls. Voilà des documents qui seraient peut-être utiles un jour, et qui devaient rester dans la famille. La fille de Napoléon ne pouvait imaginer qu'ils se retrouveraient un jour sur une brocante, puis au catalogue d'un marchand parisien.

Mutinus, quant à lui, n'avait pas changé. Jouisseur et imprévoyant, il ne voulut pas comprendre qu'il venait d'accomplir son dernier coup bas ; de Champagnole à Besançon, les quelques napoléons qu'il avait soutirés à Charlotte fondirent bien vite en bières, chopines et filles galantes. On le ramassa, ivre mort, sans un sou vaillant, sur le pavé de la capitale franc-comtoise et, d'une voix pâteuse, il aggrava son cas en insultant les argousins, prétendant connaître personnellement de hautes personnalités qui le protégeraient. Il finit ses jours à Bellevaux, entre les murs sales du dépôt de mendicité, dans le cloaque même où, trente ans plus tôt, il avait plongé Charlotte.

21

Fusion dynastique

Le 26 novembre 1848, à Champagnole, Mme Muller reçoit une lettre de Valérie Masuyer, dame d'honneur de la feue reine Hortense, pour savoir si elle serait disposée à user de son influence en faveur de Louis-Napoléon Bonaparte. Déjà élu représentant du peuple, le chef de la maison impériale officielle est candidat à l'élection présidentielle du 10 décembre 1848, la première du genre en France.

« Madame,

« Des personnes qui connaissent les sentiments et les opinions de toute votre vie, m'assurent vos sympathies pour l'élection du Prince Louis-Napoléon Bonaparte. Dans le cas où vous seriez disposée à l'assurer de toute votre influence dans le pays que vous habitez veuillez me dire le nombre de bulletins que je dois vous adresser pour le canton que vous habitez ou pour ceux voisins où vous auriez des relations.

« J'arrive de Paris et j'aurais peut-être à vous conter des choses qui vous intéresseraient. Si vous aviez des gens de confiance à Lons-le-Saunier, ils m'y trouveraient le jeudi et le dimanche à l'hôtel Garnier sur la place.

« Je vous prie même de vouloir bien m'adresser votre réponse cachetée sous l'enveloppe de M. Garnier.

« Recevez, Madame, l'expression de mes sentiments les plus distingués. »

Pour Charlotte, quelle reconnaissance ! Certes, c'est dans le feu d'une campagne électorale, on fait flèche de tout bois. Mais n'est-ce pas tout de même à un rapprochement des deux branches que l'invite l'ancienne lectrice de la défunte reine Hortense, mère de Louis-Napoléon Bonaparte ?

Jusqu'alors, Charlotte avait été ignorée de la famille impériale. Peut-être a-t-elle rêvé d'un avenir glorieux pour ses fils, mais la folie d'Édouard, les excentricités de Paul, ont ruiné de telles espérances. Seul Adrien, suivant les enseignements du général Delort, semble avoir les qualités d'un politique, mais en 1848, il n'a pas vingt-quatre ans. Faut-il s'obstiner, faire peser sur ses épaules le poids d'une hérédité impériale – ou bien ne vaut-il pas mieux jouer la fusion dynastique, c'est-à-dire s'entendre avec le prétendant officiel ?

Devenue, par ses épreuves, pragmatique et réaliste, Charlotte choisit la seconde option. Après tout, ce Louis-Napoléon Bonaparte ne se déclare-t-il pas réformateur, ne promet-il pas d'éteindre le paupérisme ? Contre les démagogues « rouges » qui sévissent à Paris, ne représente-t-il pas un rempart, le gage d'une république forte et respectée, progressive et ordonnée ? Elle se rallie donc à sa candidature, contribue sans doute au financement de sa campagne, appelle à voter pour celui qu'elle appelle « mon cousin »...

Le 10 décembre 1848, la magie du nom opère : Louis-Napoléon Bonaparte est élu président de la République par quatre-vingts pour cent des voix.

Charlotte approuve-t-elle ensuite la dérive conservatrice de son candidat ? Maîtresse de forges, elle en bénéficie et voit avec plaisir s'éloigner le spectre rouge du socialisme ; anticléricale, sans doute est-elle mécontente de voir les curés obtenir la tutelle de l'enseignement et le pape être maintenu par l'armée française contre les patriotes italiens. Elle n'en dit mot publiquement, toutefois, satisfaite au fond qu'un Bonaparte tienne, de nouveau, les rênes de l'État.

Quand, le 2 décembre 1851, Louis-Napoléon Bonaparte s'empare de tous les pouvoirs par un coup de force, elle approuve également, comme en témoigne un rapport de gendarmerie rédigé en 1852 : « Madame Muller professe le plus grand dévouement à monseigneur le Prince-Président [...]. On le croit basé sur des liens de famille, car la chronique raconte que cette dame serait un enfant naturel de l'empereur Napoléon ; les ouvriers partagent jusqu'à un certain point les sentiments de leur propriétaire. » Quand elle pénètre dans les ateliers, d'ailleurs, Charlotte est saluée du cri martial de : « Vive l'Empereur ! » Et cette clameur qui couvre même le martèlement des machines lui fait plaisir.

Le 2 décembre 1852 justement, un an après son coup d'État, le « Prince-Président » rétablit l'Empire. Tout comme il soigne ce précieux bâtard impérial de comte Walewski, nommé ambassadeur, sénateur, ministre des Affaires étrangères, et plus tard élu député des Landes et président du Corps législatif, Napoléon III ménage cette étrange cousine, dont le fils Adrien sera nommé maire de Champagnole.

En décembre 1857, à Auxonne, est érigée devant la mairie une statue de Bonaparte. Charlotte n'est pas présente à la cérémonie d'inauguration, mais sans doute lit-elle avec plaisir le compte rendu qu'en donne *Le Monde illustré* du 2 janvier 1858 : « La statue, œuvre de Jouffroy de l'Institut, repose sur un piédestal de figure octogonale, dont le couronnement est formé par quatre aigles réunis par des guirlandes de feuilles de laurier. Les quatre faces, les plus larges de ce beau socle, fait de pierres de Comblanchien dont le grain serré reçoit le poli du marbre, sont ornées de bas-reliefs dus au ciseau du même artiste.

« L'époque de la vie de Napoléon que le statuaire a choisie pour représenter son héros est celle où il commença avec tant d'éclat sa glorieuse carrière ; ce n'est ni le consul ni l'empereur, c'est le général Bonaparte qui revit dans ce bronze : par son costume rigide et la juvénilité de ses traits, autant que par le mortier placé à ses pieds, il rappelle le jeune vainqueur de Toulon et le glorieux triomphateur d'Arcole. [...]

« L'inauguration de cette magnifique œuvre d'art, – si bien faite pour rendre plus vif encore un des souvenirs chers aux Français : l'époque belliqueuse où le plus grand capitaine du monde surgit tout à coup d'un rang infime pour s'élever d'un bond gigantesque au premier de tous les rangs, surpassant en science et en génie les héros les plus célèbres, par des travaux qui ont émerveillé l'univers et conquis à leur auteur l'immortalité – cette brillante inauguration, disons-nous, saluée par des acclamations enthousiastes, a laissé dans l'âme de tous les spectateurs une inoubliable impression. »

La statue est bénie par Mgr l'évêque de Dijon, ce qui fait bien rire la fille d'Antoinette Cattin – laquelle eût été heureuse de savoir qu'elle avait, à son niveau, concouru à une œuvre sainte. « La grand'messe, célébrée pontificalement par le vénérable prélat qui était venu présider à la cérémonie religieuse, a été pieusement écoutée par une assistance accourue de toutes les parties du département, et que la vieille basilique gothique n'avait pu contenir sous ses trois voûtes. Après un discours où l'évêque a retracé éloquemment l'enchaînement d'actes glorieux qui forme l'histoire du premier Empire, le cortège, grossi par une foule d'élite, s'est rendu sur la place d'armes, où l'inauguration du monument a eu lieu aux salves du canon et au bruit des cloches. »

Victor Hugo, en exil, a beau déclamer contre le coup d'État de « Napoléon le Petit », l'Église, la bourgeoisie et une bonne partie du peuple prient pour le salut de l'Empire… Malgré les guerres lointaines, en Italie, en Crimée, en Cochinchine, au Mexique, le nouveau régime semble s'installer solidement.

Or, de nouvelles épreuves s'annoncent ; l'Empire s'effondre en 1870, la République est proclamée, de nouveau les Prussiens et leurs alliés s'engouffrent en France, pillent, fusillent, tandis qu'à Paris le siège se prolonge en une affreuse guerre civile. Charlotte est toujours là, s'efforçant de préserver Champagnole des maux qui accablent la France.

La fille de rien est devenue une notabilité respectée. Quand elle s'éteint, le 14 avril 1880, à l'âge de quatre-vingt-quatre ans, tout le canton est dans la peine. Même le cousin Girod-Genet, devenu père de famille, puis grand-père, se sent presque flatté d'avoir été trompé par une personnalité de si haute volée, qui entre dans la légende locale.

« Elle aimait sa forge et ses forgerons, s'intéressait au sort de leur famille et leur donnait volontiers des conseils d'économie domestique », reconnaît en 1900 le curé de Champagnole dans son bulletin paroissial : hommage d'autant plus honnête que Charlotte, pas plus à Champagnole qu'à Bellevaux, ne témoignait d'intérêt pour la religion. Élevée « sur les genoux de la philosophie », selon l'expression du curé, elle a transmis son anticléricalisme à ses enfants.

22

L'empereur de Champagnole

LE PRESTIGE DE CHARLOTTE A REJAILLI SUR SON FILS ADRIEN qui, en 1855, est nommé maire de Champagnole par le pouvoir impérial. Sans doute la fille de Napoléon a-t-elle laissé à son cousin la primauté dynastique, au détriment de son fils, mais celui-ci, en retour, n'est pas oublié par Napoléon III.

Né en décembre 1824, Adrien n'avait pas douze ans à la mort de son père. Élevé par sa mère dans le culte de l'énergie, sous l'autorité bienveillante du général Delort, il a décroché brillamment son diplôme d'ingénieur à l'École centrale des travaux publics.

À la fin de l'année 1854, Charlotte a vendu l'entreprise Muller. En femme d'affaires avisée, elle a compris que ses établissements ne pourraient survivre, dans un capitalisme de plus en plus brutal qui nécessite d'atteindre une taille critique : les Forges de la Serve s'intègrent donc au sein d'un consortium, la Société des forges de Franche-Comté ; Adrien siège au conseil de surveillance, il touche des jetons de présence en plus de ses dividendes. Toute la famille devient rentière, oisive, mais puisque la vente de la tréfilerie le dispense d'en assurer la direction, il consacre ses loisirs à l'occupation noble par excellence : la politique.

Champagnole en effet continue de se développer. Pour l'hygiène et le confort de ses habitants, Adrien fait creuser le sol afin d'y puiser de l'eau pure. Dix fontaines sculptées surgissent dans la localité, tandis qu'un chemin de fer d'intérêt local relie enfin la localité à Andelot-la-Montagne et La Cluse : c'est la « ligne des Hirondelles », comme la surnomment poétiquement les cheminots. Elle entre en service le 15 juillet 1867. Adrien est un maire heureux.

La chute de l'Empire interrompt brièvement son mandat, mais les péripéties politiques qui marquent les débuts de la IIIe République ne l'empêchent pas, dans sa vallée, de se maintenir au premier plan. Maire de 1855 à 1870, Adrien le redevient dès 1871, jusqu'en 1878. En 1884, la République vote la démocratisation des communes en prévoyant par la loi que les maires seraient désormais désignés par des conseils élus : c'est donc par le suffrage universel qu'Adrien Muller s'impose, une nouvelle fois, à la mairie, où il sera reconduit jusqu'à sa mort.

Avec une telle assise, comment ne pas songer à une carrière nationale ? Des législatives sont prévues en 1885 et Adrien se porte candidat.

Officiellement, il est républicain. Les électeurs du Jura seraient d'ailleurs bien surpris de voir cette photo qu'il a commandée, de passage à Paris, dans sa jeunesse. C'était au 31, place Cadet, au studio Petit & Trinquart, avant que les deux associés se brouillent, en 1862. Pierre Petit, dit «Collodion le Chevelu», est le photographe qui monte au début du Second Empire. Élève de Disdéri, il a l'art du portrait, et vous en tire autant d'exemplaires que vous voulez au format d'une carte de visite. Adrien pose en majesté, la main glissée dans son gilet, exactement dans l'attitude bien connue de son illustre grand-père… Lui qui n'a laissé aucun texte, aucune déclaration sur ses prétentions dynastiques, se dévoile nettement sur cette étrange image. Charlotte était d'un temps où l'on écrivait de longues épîtres, où l'on s'épanchait à la plume d'oie; Adrien, ingénieur, industriel, n'a ni ces loisirs ni ce goût de la confidence mais, dans cette pose si typiquement napoléonienne, l'enfant de Charlotte manifeste sans phrases la filiation dont il se réclame.

Heureusement, ce cliché n'était pas destiné aux foules. L'opposition en ferait ses choux gras, le traiterait de «bonapartiste» et de «césarien»… Aucune chance d'être élu alors, dans ce département de l'Est qui a tant souffert en 1870, quand la légèreté du cousin Napoléon III a déclenché ce conflit désastreux avec la Prusse. De nouveau envahie, humiliée, la France cherche à se redresser et ce sont les républicains qui lui apportent des perspectives nouvelles.

Adrien se déclare donc «républicain». Son anticléricalisme atavique s'accorde d'ailleurs bien avec celui des partisans de Jules Ferry et de l'école laïque, qui, en plus d'expulser les congrégations, entendent préparer la Revanche par la formation d'un immense empire: au-delà des mers celui-là, en Afrique, en Asie, en Océanie, pour que le drapeau tricolore flotte tout autour de la Terre et que plus jamais la gent teutonne ne puisse submerger le pays.

Ainsi pensent le député Lelièvre qui a fait appel à lui pour constituer sa liste, et ses colistiers Lombard et Poiffaut, et aussi ce brave médecin républicain de Saint-Claude qui répond à l'excellent état civil de Napoléon Bavoux… Adrien lui aussi a un prénom d'empereur, mais plus discret; s'il se garde bien de mettre en avant ce sang corse qui, sait-il, coule dans ses veines, c'est avec chaleur qu'il se sent porté à la Chambre par les électeurs du Jura, prêts à lui confier l'accomplissement de grandes choses.

Or, il y a républicains et républicains: certains, les radicaux, adorateurs de Gambetta, sectateurs du jeune Clemenceau, désapprouvent les aventures coloniales. Sous la conduite de Wladimir Gagneur, député depuis 1870, une liste républicaine radicale se constitue pour dénoncer les visées impériales des républicains modérés.

« Électeurs, clament ces démagogues passionnés, voulez-vous la continuation des guerres lointaines, en des pays meurtriers où l'on envoie mourir vos enfants? Voulez-vous la ruine de vos finances qui vont s'engloutir dans ces guerres inutiles et criminelles, et par conséquent l'augmentation de vos impôts? Votez pour M. Lelièvre et ses collègues, qui, à la Chambre, ont constamment approuvé par leurs votes, cette politique d'aventures.

« Électeurs, ajoutent-ils d'une voix plus douce, si, au contraire, vous voulez le triomphe d'une République d'honnêteté, de paix et de progrès, qui, en supprimant toute guerre offensive, conservera la vie de vos enfants, rétablira vos finances, permettra de sérieuses réformes, satisfera ainsi au plus haut point vos propres intérêts, votez pour les partisans déclarés de la paix : Gagneur, Poupin, Bourgeois, Reybert, Chamberland.

« Vive la République ! »

Cette prose, évidemment, navre le brave Adrien : timorés, défaitistes, indignes du passé glorieux de la France, ces candidats ne lui semblent pas sérieux. Tandis que lui, et Lelièvre, et Napoléon Bavoux, incarnent la juste synthèse d'hier et de demain, cette République conquérante qui donnera à la France un empire ! Et lui-même, Adrien Muller, en décrochant un siège au Palais-Bourbon, marcherait ainsi sur le chemin de son parrain, le général Delort, voire de son presqu'oncle Walewski, député sous le Second Empire, président du Corps législatif.

Et pourquoi l'ambitieux Adrien, dans les temps morts de la campagne, ne se prendrait-il pas à rêver ? Sous la IIIe République, ne sont-ce point les parlementaires qui élisent le chef de l'État ?... Devenu député, reconnu pour ses mérites, réélu, reconduit, porté aux responsabilités, n'aurait-il pas quelque chance un jour, à Versailles, d'accéder à la magistrature suprême ?... De nouveau, la France serait dirigée par un Bonaparte – de la branche Chappuis-Muller cette fois !...

Hélas, l'électeur est parfois décevant. Au dépouillement, les radicaux font deux fois plus de voix que les républicains modérés dans le Jura : Gagneur le bien nommé arrive en tête, sa liste remporte tous les sièges et Adrien, pour la première fois, goûte à l'amertume de l'échec. Sur 65 565 votants, il ne recueille que 17 629 voix[1] : le score n'est pas absolument ridicule, mais ses colistiers font un peu plus, comme si certains électeurs républicains, par antibonapartisme, avaient rayé son nom de la liste. Adrien Muller arrive donc bon dernier, quatre cents voix derrière Napoléon Bavoux, mille six cents voix derrière Lelièvre : à la défaite s'ajoute l'humiliation.

À Champagnole même, au moins, il fait presque jeu égal avec ses adversaires, mais un radical lui passe tout de même devant, par 361 voix contre 356 suffrages. Sévère avertissement !

Il est temps de se ressaisir. Adieu, rêves de gloire nationale et internationale ! Il faut reprendre en main la commune, montrer aux Champagnolais qui est l'homme fort de la vallée. D'abord, Adrien reconquiert le canton : déjà conseiller général de 1867 à 1880, il le redevient en 1886 et sera deux fois réélu, accédant bientôt à la vice-présidence de l'assemblée départementale. Quant à la commune, il l'administre en despote éclairé, cherchant à la moderniser, la raccordant au réseau national de chemin de fer : c'est chose faite le 8 avril 1891, quand un vrai train relie Champagnole à Lons-le-Saunier.

Adrien Muller, « républicain progressiste », ne dissocie pas le progrès humain du progrès scientifique et technique.

1. Soit un peu moins de 27 %.

Lui qui a fait surgir dix fontaines et une gare décide de propulser sa ville dans le monde futur – celui de la Fée Électricité. Le 24 mai 1891, les conseillers municipaux de Champagnole votent ainsi l'éclairage électrique des rues et des bâtiments publics : l'énergie sera fournie par la force hydraulique, dont leur ingénieur de maire vante la puissance, la propreté et l'inépuisable gratuité. Ces eaux pures qui ruissellent alentour actionnent depuis des décennies des moulins, des soufflets de forge, des marteaux-pilons : pourquoi ne feraient-elles pas virevolter de ces grosses bobines qu'on appelle « dynamos », pour produire et dispenser à la population la claire lumière de la Civilisation ?

Le barrage de la Roche, sur une chute de l'Ain, est construit dans ce but, en même temps que la commune se dote d'équipements modernes : l'adduction d'eau, un hôpital, un abattoir. Ces installations furent inaugurées toutes à la même date, le 17 avril 1892, jour de fête que couronna, le soir venu, l'illumination de la petite cité, tirée de la nuit ancestrale par l'incandescence de dizaines de fins filaments parcourus de fluide électrique – en haut des lampadaires voulus et implantés par M. le maire.

En ce moment unique, magique, où le Progrès jetait ses flots de lumière sur sa bonne ville, le fils de Charlotte se sentit porté par le vent de l'Histoire ; et, sous les saluts et applaudissements de ses administrés, heureux, flatté, grisé peut-être, sans doute éprouva-t-il la joie d'une sorte d'apothéose voltaïque qui, le nimbant d'une gloire éclatante, l'élevait momentanément aux degrés suprêmes de l'adulation des foules – lui, Adrien Ier, Empereur de Champagnole, Roi du Haut-Jura, Protecteur du Grandvaux !

On peut sourire, bien sûr, de ces festivités rurales, dans un chef-lieu de canton qui prépare avec un peu d'avance son entrée dans le xxe siècle. Pourtant, sous l'impulsion d'Adrien, Champagnole est véritablement pionnière en 1892, puisque la vaillante petite cité compte parmi les douze premières communes de France éclairées à l'électricité. Un mouvement commencé à Vizille, en Isère, en 1883, et qui s'était jusqu'alors cantonné à des bourgades lointaines : Bellegarde en 1884, La Roche-sur-Foron et Modane en 1885, Saint-Philbert-sur-Risle et Bourganeuf en 1886, Bourg-Saint-Andéol en 1888, Culoz en 1890, Cluses et Moutiers enfin. Première du Jura et de toute la Franche-Comté à s'électriser, Champagnole coiffe Poligny, Dole, Besançon, mais aussi les grandes villes de France et même la capitale : à Paris en effet, ce sont de vieux becs de gaz qui éclairent encore les rues à cette époque, nécessitant le passage de l'allumeur de réverbères pour les mettre en service chaque soir ; dans quelques ruelles, même, il subsiste d'antédiluviennes lanternes à huile ou à pétrole, et les Parisiens devront attendre 1920 pour que s'allument les premiers feux de l'éclairage électrique.

Au printemps 1892, Champagnole fait donc la nique à la Ville Lumière elle-même ; et son maire, à ce moment, conquiert pour longtemps l'affection de son petit peuple jurassien.

23

Le banquet des maires

CONSTAMMENT RÉÉLU MAIRE DE CHAMPAGNOLE, LE PETIT-FILS de Napoléon a soixante-seize ans lorsque lui parvient de Paris, à l'été 1900, une invitation officielle du président de la République.

Tous les maires de France, à vrai dire, ont reçu la même ; après les remous de l'affaire Dreyfus et l'agitation nationaliste qu'elle a suscitée, le président Loubet voudrait entrer dans le nouveau siècle en rassemblant les Français. Or, pour cela, quoi de mieux qu'un bon banquet ? Le 22 septembre 1900, pour l'anniversaire de Valmy et de la Ire République, la France organise donc le plus grand festin de tous les temps.

C'était inimaginable
De voir cett' quantité d'tables
De verr's et de couverts
Et d'assiett's à desserts,
On n'vit jamais dans l'Histoire
Pareil festin, c'est notoire,

Tous les r'cords sont battus
Balthazars f...ichus

clament avec envie les faméliques chansonniers des rues ;

Les rôtis,
Les farcis,
Can'tons, poulardes
Les grands vins,
Les fours fins,
Légum's, salades,
Les mousseux
Vins des dieux
Les marmelades ;
Tout y était
Rien ne manquait
Mêm' les cabinets !

Humour un brin trivial de cette France encore paysanne, où l'on aime à ripailler et à bambocher sans façon, où les repas de famille durent des heures : ceux qui ambitionnent de diriger cette grande et batailleuse famille qu'est la France doivent avoir de l'estomac, ainsi qu'un bon coup de fourchette.

Le banquet constitue, en outre, une manifestation en actes de la concorde républicaine. Réunis autour de la table pour y déguster les produits de la mère patrie – auxquels s'ajoutent les sucres, épices, chocolats et cafés de son vaste empire colonial –, les élus doivent apprendre à surmonter leurs divisions politiques et querelles de personnes pour porter un toast à ce qui les rassemble : Liberté, Égalité, Fraternité !

C'est ce qui conduit Adrien Muller à Paris, pour un moment singulier de convivialité. Avec les maires du canton, il a pris le train, « son » train, pour rejoindre d'abord le chef-lieu de département ; là, le préfet a réuni tous les maires du Jura, partis en délégation sous la conduite de leur doyen, Adrien Muller.

Arrivés gare de Lyon, à Paris, les maires du Jura ont marché gaillardement, saluant les groupes venus des autres départements. Au total, ce sont 22 995 maires qui ont accepté l'invitation du chef de l'État. Ils défilent dans la capitale en liesse, toute pavoisée de tricolore, et les badauds admirent cette troupe composite aux couvre-chefs emblématiques de la diversité française : hauts-de-forme des maires bourgeois des grandes villes, melons des maires méritants issus des couches nouvelles, chapeaux ronds des Bretons, bérets basques, et même quelques turbans pour les chefs de douar algériens conviés pour l'occasion.

Les voici au jardin des Tuileries, où va se tenir le plus grand banquet de l'histoire universelle : les seules cuisines s'alignent sur quatre kilomètres, sans compter les offices, longs d'un kilomètre. Pour les convives, on a dressé deux tentes immenses, ornées d'écussons aux armes de la République et reliées entre elles par d'autres tentes disposées perpendiculairement. Les maires, placés par département, sont invités à s'asseoir autour de sept kilomètres de tables recouvertes de nappes molletonnées, sur lesquelles vont se succéder pas moins de 125 000 assiettes !

Les journaux de l'époque font état de statistiques rabelaisiennes : 55 000 fourchettes et autant de cuillers, 60 000 couteaux, 95 000 verres, deux tonnes de saumon, 2 480 faisans, 2 500 poulardes, 2 700 canetons, 2 400 kilos de filets de viande, 1 200 litres de mayonnaise, 700 pots de moutarde, 1 500 camemberts, 60 000 petits pains, 1 400 litres de glace à la vanille, 3 000 litres de café et 40 000 « condés », entremets à base de riz au lait et de fruits pochés. Si les maires peuvent s'abreuver de 9 000 bouteilles d'eau, ils absorberont surtout 39 000 bouteilles de vins et alcools, dont 1 500 de fine champagne.

Comme il l'avait fait en 1889, pour le centenaire de la Révolution, c'est le traiteur Potel & Chabot qui assure la logistique de ce repas hors norme : 11 chefs renommés, 220 chefs de partie, 400 cuisiniers, 1 215 maîtres d'hôtel, 3 245 serveurs et plongeurs forment une véritable armée sous les ordres de M. Legrand, qui donne ses ordres par téléphone et dispose de six estafettes à bicyclette. Pour inspecter le service, une automobile De Dion-Bouton de 4 CV circule entre les tables…

La rumeur rapporte de menus incidents : un maire récemment révoqué qui tente d'entrer sans invitation, puis le maire antisémite d'Alger, Max Régis, qui doit être expulsé *manu militari* pour propos antirépublicains… Les convives préfèrent en rire. Pas de bonne réunion de famille sans disputes et ces petites péripéties ne sauraient suffire à gâcher la joie des maires en goguette.

Un tintement, tout à coup, appelle leur attention. L'immense brouhaha s'éteint, tandis que le président de la République se lève pour prononcer son discours inaugural.

« Cette imposante assemblée est autre chose qu'un ralliement de combat. Nationale par le nombre et le caractère de ses membres, elle est nationale aussi par les sentiments qui l'animent et par son objet. » Les maires approuvent gravement.

« Quand vous serez rentrés dans vos communes », conclut chaleureusement le président Loubet, dans son bel accent de la Drôme, « dites que nous restons fidèles à l'esprit de la Révolution parce que notre patriotisme est égal à notre amour de la République… Dites enfin, dites surtout que nous n'avons de haine ni de rancune contre personne et que notre plus chère espérance est de voir tous les Français fraternellement unis dans un même amour de la Patrie et de la République. »

Un tonnerre d'applaudissements accueille ces paroles d'unité, tandis que l'armée des loufiats entre en campagne. Adrien trouve que le président a bien parlé. Les maires du Jura acquiescent, tout en lorgnant le menu : hors-d'œuvre, concombres et olives, saucisson et beurre sont d'abord annoncés en amuse-gueule, et si les premières bouchées ont la franche simplicité des casse-croûte démocratiques, l'irruption des darnes de saumon glacées Parisienne indique bien que Marianne a mis les petits plats dans les grands.

Un premier changement d'assiettes montre que l'assemblée passe aux questions sérieuses : filet de bœuf en Bellevue, suivi des pains de canetons de Rouen, tout cela arrosé d'un haut-sauternes mémorable.

Les faces sont épanouies, les joues couperosées, quand de nouvelles assiettes préludent à l'avènement des poulardes de Bresse rôties, auxquelles succèdent les succulentes ballottines de faisan Saint-Hubert : cette fois, c'est un margaux 1887 qui concourt à la renaissance de la concorde nationale, et les élus du Jura, s'ils déplorent tout bas qu'on n'ait pas sélectionné un vin de leur département, s'accordent sans chauvinisme sur l'excellence du banquet. Oui, la République a bien fait les choses ; la presse ne le révélera que le lendemain mais les instructions sont strictes : « Ordre est donné de repasser les plats et de "forcer" sur les vins. »

La consigne est scrupuleusement suivie à l'approche des desserts, quand se répand un flot doré de champagne Montebello… Allusion à Napoléon, se réjouit sans doute Adrien Muller ; et tandis que le doyen des maires du Jura narre à ses compagnons de table cette belle victoire de l'armée d'Italie sur les Autrichiens, en 1800, grâce au courage de Lannes, plus tard créé « duc de Montebello », les fromages, les glaces, les entremets se succèdent, encore suivis de fruits, cafés, fine champagne et rhum…

La nuit n'est pas loin de tomber quand s'achève l'inoubliable agape, et pourtant la fête n'est pas terminée, car le président Loubet a décidé de saluer chaque département par l'entremise du doyen de ses maires. Pour le Jura, c'est donc Adrien Muller qui est convié à la cérémonie. Comme ses homologues des autres contrées, il peut à peine marcher après pareille bombance, mais les bons vins et la fine le soutiennent dans cet effort protocolaire qui, au bras de son préfet, le conduit devant le chef de l'État.

Émile Loubet, en habit de cérémonie, revêtu de ses insignes, salue individuellement chacun des quatre-vingt-douze doyens départementaux qui lui sont présentés. Adrien Muller, grisé, se campe devant lui. Voici le fils de Charlotte Chappuis, pour un instant, au plus haut niveau de l'État. Lui, le petit-fils de Napoléon, l'espoir de la famille impériale secrète, fait face à celui qui incarne maintenant la souveraineté de la Nation. Les deux hommes se serrent la main, Adrien y met toute sa force, comme pour communiquer quelque chose de sa ferveur et de sa puissance au premier des Français ; et si, en 1804, le gouvernement de la République a été confié à un Empereur, en ce 22 septembre 1900, la survivance de l'Empire va maintenant à un président de la République. Émile Loubet sait-il, ses services l'ont-ils informé de l'ascendance si particulière de ce maire jurassien ? A-t-il ressenti le fluide spécial qui s'échangea en cet instant ? Plus vraisemblablement, il ne distingua pas ce vieillard des autres doyens départementaux, tous très émus, et un peu titubants, qui venaient ainsi lui rendre hommage.

Mais le fils de Charlotte, lui, a senti la force unique de cette poignée de main symbolique, par laquelle l'héritier de l'Empereur congratulait le dépositaire du pouvoir suprême. Le soir et les jours suivants, dans sa chambre d'hôtel, épuisé, bouleversé mais aussi exalté par cette journée extraordinaire qu'il vient de vivre, Adrien divague.

A-t-il été un bon fils, un bon prince ? A-t-il fait honneur à sa mère et à son illustre grand-père, a-t-il rempli les espérances de sa famille ? N'a-t-il pas déçu les attentes de son cher parrain ? En particulier, a-t-il eu raison de concentrer ses efforts sur Champagnole et le canton ? N'aurait-il pas dû viser plus haut, surmonter l'échec des législatives, pour incarner, lui, l'unité nationale ?

Pauvre Adrien... Décidément, il avait trop marché, trop bu, trop mangé... Dans sa tête, tout se mélangeait, la République, le champagne Montebello, le président Loubet, la Nation, les poulardes... Ses sens hoquetaient, son cœur battait la chamade. Enfin, il s'effondra.

Quand on le découvrit, le 25 septembre 1900, dans sa chambre d'hôtel, Adrien Muller, soixante-seize ans, gisait sans vie. Au faste du banquet des maires, il n'avait survécu que trois jours.

En train, son corps rejoignit Champagnole, où deux mille personnes suivirent son convoi funèbre. Bientôt, en souvenir de lui, la voie qui borde les Forges de la Serve devint officiellement la « rue Adrien-Muller ».

24

Abeilles souterraines

RUE ADRIEN-MULLER, J'Y ÉTAIS, LONGEANT À PAS LENT LES vestiges de la forge. Celle-ci s'est éteinte en 1976, les bâtiments subsistants ont été convertis en habitations, et tout comme la fusion des métaux n'est plus qu'un souvenir à Champagnole, seule une tradition locale colporte encore vaguement la saga de Charlotte Chappuis, la fille de Napoléon qui devint maîtresse de forges dans le Jura.

Bientôt je me présentai à la mairie, bureau de l'état civil.

— Des Muller, à Champagnole ? Je n'en connais pas, il n'y en a plus depuis longtemps, m'assura l'employé.

Même réponse à la conservation du cimetière, où l'on eut peine à retrouver la tombe familiale. Charlotte et les siens reposaient sous une stèle érodée, à peine lisible, que plus personne ne semblait entretenir.

Un fossoyeur m'observa, tandis que je notais les restes d'inscriptions encore déchiffrables.

— Vous êtes de la famille ?

Un gros mensonge, un petit billet, et voici que le brave

homme s'armait d'un levier pour faire pivoter la trappe. Un escalier apparut, conduisant au caveau.

— Ça fait longtemps que personne n'est venu, la tombe va bientôt être remembrée, la concession est expirée, murmurait l'intercesseur, tandis que je descendais visiter la nécropole impériale.

Plusieurs cercueils s'alignaient le long des murs, gris de plâtras et de débris pulvérulents. Les membres de la famille Chappuis-Muller n'étaient plus des abstractions maintenant, des noms sur du papier ; ils gisaient là, tout près de moi, figés dans le secret de ce triste caveau, et tandis que je troublais leur repos par cette visite intempestive à laquelle je n'avais aucun droit, leur silence même me parut plein de reproche.

J'allais me retirer, gêné, quand je remarquai d'étranges marques qui parsemaient l'un des cercueils : les parois en semblaient bizarrement piquées, mais à intervalles si réguliers, de manière si parfaitement géométrique, qu'aucun travail de la nature ne pouvait en être la cause. Je m'avançai, malgré les toiles d'araignée, les coulées de salissures qui recouvraient la caisse ; d'une main tremblante, je m'enhardis à frotter l'une des marques pour la dégager d'un siècle et demi de crasse et alors je compris : le cercueil de Charlotte était constellé d'abeilles impériales ! Minutieusement sculptées, elles avaient escorté la princesse oubliée jusque dans l'autre monde et, aujourd'hui, réapparaissant sous mes doigts comme autant de signes propitiatoires, ces abeilles souterraines me signifiaient que ma quête touchait à sa fin.

Alors, foulant de nouveau les marches poussiéreuses pour m'extraire de la fosse et revenir à la lumière, je songeai à cet étrange dossier qui, m'ayant conduit au fin fond du Jura, avait fait de moi un profanateur de sépulture.

Ce dossier, je l'avais acquis auprès d'un marchand de manuscrits anciens, expert des plus réputés, ayant pignon sur rue, à Paris. Une brassée de lettres, billets, brouillons, missives officielles, rapports d'informateurs et de dénonciateurs, parcourus d'écritures diverses, plus ou moins déchiffrables. Tout un gisement de papiers secrets qui m'avait valu de longues heures de veille, à la lumière de ma lampe de bureau, pour les classer, transcrire, comprendre et, à travers eux, reconstituer le fantastique roman-feuilleton vécu par Charlotte Chappuis.

Pressé de questions, le marchand voulut bien m'expliquer qu'il avait mis en vente ces documents pour le compte d'un collectionneur, à qui il accepta de transmettre mes coordonnées. Cet amateur éclairé eut à son tour la gentillesse de se manifester, quelques semaines plus tard, pour m'indiquer qu'il avait lui-même acheté ce dossier tout entier, déjà constitué, au cours d'une foire aux vieux livres et vieux papiers. Le vendeur, dont il n'avait pas retenu le nom ni la raison sociale hélas, l'avait trouvé en débarrassant un grenier : si jamais ce brocanteur ou bouquiniste lit un jour ces lignes, qu'il sache tout l'intérêt de ses souvenirs, que j'aurais tant aimé recueillir.

Quel grenier, chez qui, dans quelle ville ? Qui donc y

avait-il déposé cette extraordinaire documentation, presque trop belle pour être vraie ? On y trouve tout : des lettres de la main de Charlotte, des rapports de police, et toute une série de correspondances administratives, celles-ci retranscrites d'une même écriture.

Qui a réuni toutes ces pièces ? Qui a eu accès aux originaux, qui a pris le temps de recopier les lettres de préfets et sous-préfets, et pourquoi ? *Mutinus* sans doute, ou tout autre agent de la police secrète, a pu constituer ce dossier puis le vendre à Charlotte, mais avant d'arriver à cette hypothèse audacieuse, je devais en explorer d'autres.

Une mystification ? Un fantaisiste qui, aux lettres authentiques, aurait ajouté des transcriptions de documents imaginaires pour bâtir un roman, ou pour piéger un chercheur ? Non, car les lettres de Charlotte sont authentiques, le papier vergé, l'encre, les cachets de cire le prouvent. Quant aux documents recopiés, ils sont anciens eux aussi, comme le montrent les supports et la graphie.

On pourrait croire alors qu'un érudit d'autrefois s'en est servi pour écrire un livre ou un article, mais j'ai vérifié : il n'existe pas la plus petite publication sur cette fille oubliée de Napoléon. Un historien velléitaire aurait-il laissé son travail inachevé, un savant malchanceux serait-il mort avant d'avoir publié son étude ? Bref, j'avais besoin d'en savoir plus avant de prendre ces archives pour argent comptant.

Pour y voir plus clair, je me documentai, consultant toute une moisson d'ouvrages reliés aux armes de l'Empire :

aigles enserrant des foudres, trios d'abeilles, N couronnés d'or ou environnés de lauriers, tous les symboles du bonapartisme marquaient au fer ces bibliothèques napoléoniennes, d'ordinaire silencieuses, dont mes demandes incongrues troublaient soudainement la quiétude.

Partout des livres, des revues, les cartes et plans de l'épopée impériale, les dictionnaires, études et biographies dont j'avais besoin... J'y glanai une foule d'anecdotes sur la jeunesse de Bonaparte, ses espoirs, ses amours, ses revers, ses déceptions... Mais pas un livre, pas une ligne sur la mystérieuse Charlotte Chappuis ; pas un mot d'une fille Cotain dont le futur Empereur aurait pu avoir un enfant... J'interrogeai les historiens de l'Empire, les sociétés savantes, aussi bien que les érudits locaux.

— Charlotte Chappuis, dites-vous ? Inconnue au bataillon !

Les plus savants ne me cachaient pas les turpitudes de leur idole. Napoléon, chaud lapin, a eu au moins deux fils naturels incontestés, et peut-être deux filles adultérines. Pourquoi, dans sa jeunesse, n'aurait-il pas semé une petite Charlotte à Auxonne ?

— C'est là que votre histoire ne tient pas, soupiraient les napoléoniens.

Que le sous-lieutenant Bonaparte ait frayé avec une fille à soldats et ne s'en soit pas vanté, à la rigueur ; mais il faut étudier la chronologie. Auxonne ? Il y arrive en juin 1788. L'année suivante, il obtient un congé de six mois pour retourner voir sa famille en Corse, congé qui se prolonge d'un semestre. Il revient à Auxonne en février 1791 mais en repart lorsqu'il est muté à Valence, en juin 1791. Comment aurait-il pu engendrer une fille née le 22 août 1794, c'est-à-dire plus de trois ans plus tard ?

Certes, il aurait pu connaître la fille Cotain à Auxonne et la revoir ultérieurement ; elle aurait pu le suivre dans ses affectations successives, mais comment expliquer que les historiens n'en sachent rien ? Toute la correspondance de Bonaparte a été épluchée et publiée, tous ceux qui ont connu cet homme ont tenu à laisser des récits et témoignages, et personne n'a jamais évoqué une fille Cotain ou Cattin épouse Chappuis, ni sa fille Charlotte, dans le voisinage de Napoléon.

D'ailleurs, née le 22 août 1794, Charlotte aurait dû avoir été conçue neuf mois plus tôt, fin novembre ou début décembre 1793, ce qui ne paraissait guère compatible avec la chronologie de Bonaparte : à cette époque, il fait le siège de Toulon pour reprendre le port livré par les royalistes aux Anglais, avant de se rendre à Nice.

La question semblait d'autant plus embrouillée que j'avais beau chercher, sur les sites d'Arnay-le-Duc, des archives départementales, des associations de généalogistes : rien de rien sur la naissance de Charlotte, aucune confirmation.

Mais Arnay-le-Duc, n'était-ce pas un tout petit peu aristocratique, pour la France des années 1790 ? Les ducs, on les avait guillotinés ou chassés, y compris dans la géographie du pays…

La ville avait changé de nom, bien sûr. Quand est née Charlotte Chappuis, la commune s'appelait Arnay-sur-Arroux : c'est à ce nom qu'il fallait chercher. Quant à sa date de naissance, le 22 août 1794, il fallait évidemment la transposer dans le calendrier révolutionnaire, en vigueur à l'époque pour tous les actes officiels.

Je scrutai donc le petit livre édité par le Bureau des longitudes qui, dans ses tables de conversion, donne la concordance des dates entre calendrier grégorien et calendrier républicain, des premiers jours de vendémiaire an I jusqu'en l'année 2050 de notre ère.

Enfin, je m'installai devant l'ordinateur, pour rechercher sur les sites d'archives et de généalogie tout ce qui avait pu naître à Arnay-sur-Arroux, en fructidor an II…

Or, j'avais beau scruter les pattes de mouche des citoyens administrateurs de la Ire République, les registres d'état civil étaient formels : aucune Charlotte Cattin, ni Cotain, et encore moins Chappuis, n'avait vu le jour cet été-là dans cette commune. J'élargis la recherche au mois précédent, au mois suivant, sans plus de succès. D'où sortait donc cette fille de Napoléon qui n'apparaissait nulle part ?

Une intuition me vint : je regardai à date égale, mais les autres années. 1792, 1793 ? Rien. Puis, quand le défilement des pages mal scannées me conduisit au 5 fructidor an III, ci-devant 22 août 1795, un cri de joie retentit dans mon bureau encombré.

Je l'avais, enfin ! Charlotte était née le 5 fructidor an III – le jour même où la Convention thermidorienne adoptait la constitution du Directoire… « Aujourd'hui cinquième jour du mois de fructidor troisième de la République française une et indivisible à cinq heures après-midi par devant moi Philibert Bauvelier officier municipal d'Arnay sur Arroux chef-lieu de district département de la Côte-d'Or », proclame en effet l'acte d'état civil, qui suggère d'une formule délicieuse l'illégitimité de la naissance puisqu'il est rédigé « pour la suspicion du citoyen Georges Bernard Esprit Chappuis, [agent] public de cette commune âgé de quarante-deux ans, propriétaire domicilié à La Guignetterie, lequel est comparu en la maison commune assisté des citoyens Étienne Cattin âgé de soixante-douze ans propriétaire domicilié en cette commune, de Jacques Rousseau et Étienne Corasse âgé de quarante ans adjoint de cette municipalité domicilié en la même ville, a déclaré à moi Philibert Bauvelier qu'Antoinette Cattin trente-trois ans son épouse en légitime mariage est accouchée aujourd'hui à onze heures du matin dans sa maison dite La Guignetterie d'un enfant femelle auquel il a donné prénom de Charlotte Étiennette… » L'acte est signé des témoins et du déclarant, « fait en la maison commune d'Arnay-sur-Arroux »…

Ainsi, dans son rapport à Fouché, *Mutinus* s'était trompé d'un an. Était-il mal renseigné, avait-il confondu les années ? Ou bien Charlotte, sciemment, avait-elle menti sur son âge ?

Elle s'était vieillie d'un an, ce qui ne relevait pas de la coquetterie ; peut-être avait-elle voulu brouiller les pistes, pour éviter la destruction ou la falsification de son acte de naissance par la police secrète ? Ou pour que ses ennemis la sous-estiment, autrement dit, ne prennent pas trop au sérieux ses prétentions ?

Née en août 1794, Charlotte eût été conçue fin novembre ou début décembre 1793, ce qui n'était pas crédible. Si, en revanche, comme l'établit le registre d'état civil d'Arnay-sur-Arroux, ci-devant Arnay-le-Duc, elle est venue au monde en août 1795, cela change tout car, dans ce cas, sa conception remonte à fin 1794 – la période la plus obscure, la moins bien connue de la vie de Bonaparte.

Robespierre vient de tomber, la réaction thermidorienne bat son plein et avec elle, la chasse aux jacobins. L'ambitieux Bonaparte, qui vient de reprendre Toulon aux Anglais, s'est compromis avec les jacobins, au point d'avoir été remarqué par « Bonbon Robespierre », frère de l'Incorruptible, qui a fait son éloge devant le Comité de salut public. Voilà des brevets de patriotisme bien embarrassants, au moment où les robespierristes, à leur tour, passent sur « la bascule à Charlot » – la guillotine…

Napoléon Bonaparte, arrêté le 6 août 1794 et destitué de ses fonctions, est emprisonné quinze jours à Antibes. Quand il sort, il n'est plus rien, n'a plus de commandement ni de soutiens. Il erre, en quête d'un rebond. Il retrouve ses galons fin août, mais sait qu'il n'a aucun avenir s'il ne parvient pas à plaider sa cause à Paris. « Si cela continue, mon ami, je finirai par ne plus me détourner lorsque passe une voiture », ose-t-il écrire, amer et désespéré, à son frère Joseph. Je feuilletai les gros volumes qui transcrivent sa correspondance générale : le 5 décembre 1794, il poste une lettre de Nice, « ordres relatifs à divers mouvements d'artillerie à Toulon ». Le 28 mai 1795, il écrit à Joseph et date son courrier de Paris.

Et entre les deux, aucune trace, pas un mot. Or, pour aller de Nice à Paris, il a bien fallu qu'il passe par la Bourgogne.

A-t-il fait halte à Auxonne, pour y retrouver un peu de sa jeunesse, ou voir un ancien professeur qui pouvait le recommander quelque part ? Et c'est à ce moment-là que, déprimé, décavé, mais plus beau et plus volontaire que jamais dans la rage de son ambition contrariée, l'officier de vingt-cinq ans s'oublie dans les bras d'Antoinette Cattin, mère de Charlotte Chappuis.

À ce stade de ma recherche, je crus avoir trouvé la pierre philosophale. Implacablement, les archivistes de la Fondation Napoléon m'opposèrent toute l'autorité d'Albert Schuermans, le savant chroniqueur qui avait consacré sa vie à reconstituer, jour après jour, le parcours de Napoléon Bonaparte. Sans doute le Petit Caporal est-il la seule personne au monde à avoir été suivie à la trace de manière si détaillée, du début à la fin de son existence : à partir des archives militaires, correspondances, témoignages les plus divers, ce Schuermans a livré un *Itinéraire général de Napoléon Ier* d'une précision redoutable sur ses lieux et dates de vie.

Or, en novembre et décembre 1794, Bonaparte est à Nice, sauf de brefs séjours à Toulon ; à la fin du mois, il passe les fêtes au col de Tende, avec le conventionnel Turreau, en mission auprès de l'armée d'Italie, personnage qu'il juge « insignifiant » et dont il courtise la femme. C'est au printemps seulement qu'il passe par la Bourgogne…

Le livre d'Albert Schuermans est paru en 1908 ; ni *Mutinus* ni le ministre de la Police générale lui-même ne disposaient d'un outil d'une telle précision pour vérifier les dires de Charlotte, si bien qu'ils ont pu prendre au sérieux son histoire. Elle-même ignorait ces détails historiques et pouvait fort bien, de bonne foi, reprendre une fable inventée par sa mère.

À moins qu'elle ait dit vrai, malgré tout ? Schuermans aurait-il pu se tromper dans sa tentative de géolocalisation rétrospective ? Inimaginable pour les spécialistes, qui ne laissent donc subsister que deux thèses pour expliquer un lien biologique entre Napoléon Bonaparte et Charlotte. Soit celle-ci était née avant terme, dans une grande prématurité que la médecine de l'époque ne pouvait guère rendre viable ; soit Antoinette Cattin avait quitté sa zone de chalandise habituelle et se trouvait dans les Alpes-Maritimes au moment de la conception…

Or, le lien avec la Bourgogne persiste quand on sait que fin 1794, neuf mois avant la naissance de Charlotte, Napoléon Bonaparte fréquente le conventionnel Turreau et sa femme : cousin du général qui conduit les « colonnes infernales » en Vendée, ce représentant du peuple n'est autre que le libertin familier du « Palais-Égalité », ci-devant Palais-Royal, célèbre pour son immoralité. Quoique né à

Évreux, il s'est établi à Ravières, près de Tonnerre, en Bourgogne ; après avoir séduit et pillé une riche veuve de l'aristocratie – mère du futur maréchal Davout –, qu'il a ensuite abandonnée aux prisons jacobines, Turreau est élu à la Convention par le département de l'Yonne. Il épouse une jeune femme très volage dont le général Bonaparte fait victorieusement le siège, et mourra prématurément en 1797, sans doute tué par un mari jaloux.

Entre Paris, où il siège, Auxerre, où se réunissent ses électeurs, et les Alpes-Maritimes, où il inspecte l'armée d'Italie, Turreau sillonne plusieurs fois la Bourgogne ; et je l'imaginai conduisant Antoinette Cattin à Nice ou au col de Tende, pour voyager en bonne compagnie, et donner à Bonaparte une autre cible que son épouse… Rien ne le prouve, évidemment, mais rien ne permet de l'exclure ; et je m'abîmai dans les délices de l'interprétation historique, qui autorise à tirer les hypothèses aussi bien que Fouché savait tirer les textes, si l'on n'y prend garde.

Les bonapartistes de stricte obédience me regardaient avec méfiance. Une branche secrète de la famille impériale, ça ne leur disait rien qui vaille… Branche scandaleuse de surcroît, matriarcale, anticléricale, issue d'une fille de mauvaise vie et d'une aventurière athée… Comment pourraient-ils l'accepter ?

Je me rabattis donc sur les études généalogiques et, de proche en proche, à force de fouiller, trouvai en ligne un arbre des descendants de Charlotte Chappuis, élaboré par l'un d'eux. Quelques échanges électroniques plus tard, rendez-vous fut pris à Paris et « Monseigneur » se présenta.

Lui-même ne revendique pas ce titre que je lui donnai mentalement ; mais sa figure grave et sympathique convenait à merveille au rang de chef de la famille impériale secrète que sa généalogie et son âge lui conféraient malgré lui, et malgré son souci de conserver sa tranquillité, loin des querelles dynastiques. Je lui promis solennellement de ne pas révéler son identité. Arrière-arrière-arrière-petit-fils de Charlotte, il a lui-même des enfants et petits-enfants, tous éduqués dans le souvenir de leur ancêtre. Grâce à lui, à son travail de généalogiste et à la collecte des récits familiaux qu'il avait réalisée avec sa femme, je sus enfin ce que je voulais savoir.

Il faut dire que, tout à ses projets politiques et urbanistiques, Adrien Muller avait complètement négligé de fonder une famille. Ce fut donc un riche célibataire qui s'éteignit le 25 septembre 1900, à l'issue du banquet des maires – et, avec lui, la lignée des princes Napoléon de la branche Chappuis-Muller ne fut pas loin de s'éteindre. Ses frères en effet, comme lui, sont morts sans descendance…

Et c'est encore une fois par les femmes que s'est transmis le sang des Bonaparte : sa sœur Marie-Louise dite Sophie, qui épouse un certain ingénieur Morel, a donné le jour à cinq enfants. Pourtant, la dynastie peine à se perpétuer, comme si, à chaque génération, les rejetons masculins rechignaient à prolonger l'aventure. La légende familiale aurait-elle quelque chose d'écrasant, cette hérédité impériale serait-elle trop lourde à porter ? Depuis la folie d'Édouard, une sorte de fatalité, aussi, semble s'abattre sur les garçons : le premier fils de Marie-Louise meurt à l'âge de deux ans. Deux de ses filles, en revanche, transmettent les gènes impériaux : Gabrielle, épouse Bouveret, à son tour est mère de cinq enfants ; Juliette, épouse Billecard, donne le jour à quatre héritiers.

Quand survient la guerre, en 1939, le fils Bouveret, Pierre, est un jeune homme de bientôt trente ans qui semble, lui, de taille à porter fièrement la charge de son ascendance. Surviennent la défaite, l'Occupation : un nouveau drame vient frapper la descendance impériale.

— Les Allemands sont venus, m'expliqua « Monseigneur ». Ils savaient que ma famille descendait de Napoléon…

Sans doute les rapports envoyés en 1815 par le général Steininger étaient-ils encore à Vienne ; après l'Anschluss, les nazis avaient mis la main sur les archives autrichiennes. Quand la France fut de nouveau vaincue et envahie, leurs services secrets eurent-ils la folle idée d'en faire usage ?

Pétain avait serré la main de Hitler à Montoire, mais il avait quatre-vingt-quatre ans. Un jour ou l'autre, il faudrait lui trouver un remplaçant… Au moins l'équivalent d'un maréchal, quelqu'un d'aussi prestigieux mais inoffensif… Et quelle meilleure revanche sur l'Histoire, pour l'Allemagne hitlérienne, que de mettre à sa botte un descendant de Napoléon pour diriger la France collaborationniste ?

L'idée d'introniser un descendant de l'Empereur était-elle remontée jusqu'au Führer ? Fut-ce dans ce dessein que rentrèrent en France les cendres de l'Aiglon, le 15 décembre 1940, cent ans jour pour jour après le retour des cendres de l'Empereur en 1840 ?... Une grande cérémonie de propagande, mettant en parallèle l'Empire et le Reich, sur fond d'amitié franco-allemande et de croisade anti-anglaise... L'opération réussit d'ailleurs, les Parisiens firent bon accueil au duc de Reichstadt qui venait reposer à côté de son père...

Si le plan prévoyait une suite, les descendants de Charlotte refusèrent en tout cas de s'y prêter. Aux premières visites des Allemands, l'une des tantes brûla tous les papiers familiaux qui lui tombèrent sous la main. On ne sauva que les plus précieux, un dossier inestimable qu'on dissimula on ne sait où.

Serait-ce mon dossier, retrouvé par hasard des décennies plus tard, dans un grenier, et mis sur le marché ? Sans doute, car Pierre Bouveret ne le récupéra pas.

Pierre Bouveret était patriote ; il aimait la France, et qui plus est la France des Lumières et de la Révolution, celle de Charlotte Chappuis, dont il révérait les valeurs et l'histoire. Collaborer, lui, descendant de Napoléon, soumettre l'aigle impériale à l'aigle allemande ? Sûrement pas ! Et Pierre Bouveret entra en Résistance. Arrêté, torturé, déporté à Buchenwald, il n'était plus qu'une ombre quand il revint en France. Il avait tenu autant qu'il était possible, mais la paix revenue, ses dernières forces s'évanouirent et il s'éteignit le 8 mai 1945, à l'hôpital du Mans, des suites des sévices endurés en déportation : inhumé dans le carré réservé aux « morts pour la France », sans que son pays sache pour quel étrange motif les nazis s'étaient acharnés sur son cas, il fut plus tard transféré à Chasseneuil-sur-Bonnieure, en Charente, par les siens.

Avec lui, la branche aînée se trouvait décapitée. Ses parents et sa sœur, bouleversés, s'en allèrent vivre au Maroc, où M. Bouveret père exerça comme médecin du gouvernement, à Mogador. Un empire en vaut un autre et pourquoi pas l'Empire chérifien, lui-même sous protectorat au sein de cet empire colonial que voulait conforter Adrien Muller ? Yvonne Bouveret, sœur de Pierre, avait épousé un M. Planas, enseignant comme elle, qui trouva un poste là-bas.

Or, en 1956, les nationalistes marocains obtiennent le retour de leur pays à sa pleine indépendance et les fonctionnaires français sont priés de quitter le territoire. Les Planas font donc leurs bagages pour rentrer en métropole. Auxonne, Arnay-le-Duc, Champagnole ? Ils n'y songent même pas. Après des années sous le soleil d'Afrique, revenir dans les contrées froides de l'Est n'a rien de bien attrayant. La France, fût-ce dans les frontières étroites de la République, compte tout de même des territoires plus chatoyants, dont une île magnifique en Méditerranée…

Et ce fut ainsi que se produisit un vrai prodige transgénérationnel : les descendantes de Charlotte Chappuis s'installèrent en Corse ! L'épouse de son arrière-arrière-petit-fils,

Jeanne, s'éteignit à Bonifacio en 1964 ; la fille de celle-ci, Yvonne, mourut le 4 mars 1985 à Ajaccio, à deux pas de la maison natale de Napoléon ; enfin la fille de cette dernière, Henriette, vécut jusqu'en 1997 à Ville-di-Pietrabugno, sur les hauteurs de Bastia.

Une branche cadette de la famille Bouveret en revanche, issue d'une tante de Pierre mariée à un sieur Régnier, est restée longtemps dans l'Est, en Bourgogne, avant d'essaimer en Normandie et en Corse. C'est elle qui maintient aujourd'hui les droits hérités de Charlotte, sans pour autant faire de politique. Ils sont plus de trente aujourd'hui, sur trois générations, et c'est l'un de ces discrets napoléonides que j'ai fini par rencontrer, dans un café des Invalides – tout près du tombeau de l'Empereur.

Une expertise génétique ? Mon interlocuteur ne l'exclut pas, à condition de se procurer un échantillon indiscutablement authentique de l'ADN impérial. Ce qui n'est pas simple : le ministère des Armées s'oppose à l'ouverture du tombeau de porphyre vert où repose maintenant Napoléon, dans son caveau ; et les théories du complot veulent que les Anglais, perfidement, aient substitué un autre corps à la dépouille impériale, pour masquer qu'ils avaient empoisonné leur prisonnier à l'arsenic... Quant aux mèches de cheveux, carrés de peau et autres reliques napoléoniennes qui subsistent çà et là sous lentilles de verre, rien n'en garantit absolument l'authenticité, tant le souvenir de l'Empereur fit l'objet d'un commerce simoniaque des plus douteux, aux XIXe et XXe siècles. Enfin, la transmission ayant eu lieu par les femmes, le chromosome Y est perdu : seul l'ADN mitochondrial pourrait être étudié, et non l'ADN nucléique, plus probant. Sur l'ascendance napoléonienne de Charlotte, la démonstration scientifique risque donc de se faire attendre.

À défaut, « Monseigneur » détient un élément de preuve tout à fait troublant, qui peut laisser planer le doute, malgré les plus savants calculs sur les dates de naissance et de conception. J'ai le précieux dossier de la famille, certes, des documents et manuscrits uniques qui m'ont conduit jusqu'aux descendants vivants de Charlotte, mais lui m'a montré une pièce maîtresse qui jusqu'alors m'avait manqué : un portrait !

Grâce à lui, en effet, je découvrais l'un de ces tableaux qu'on voit dans les familles bourgeoises : ni vraiment laid ni spécialement artistique, l'une de ces peintures appliquées qu'on commandait à un portraitiste sans le sou pour immortaliser les figures familiales. Souriant, débonnaire, Jacob Muller pose à côté de sa femme, tous deux veillant sur une ribambelle d'enfants. Et le visage de Charlotte, enfin retrouvé, m'a stupéfié.

Elle avait trente-trois ans au plus quand la toile fut peinte, puisqu'on y voit son fils Joseph, né en 1827 et décédé l'année suivante. Ce n'est plus la jeune sylphide qui hypnotisa Gert à l'orée du camp autrichien, en 1815, ni même la troublante révoltée qu'enleva romantiquement Jacob au printemps 1817, plutôt une matrone installée qui règne sur son petit monde… Mais ce front haut, ce nez aquilin, cette chevelure de jais encadrant une expression volontaire, semblaient sortis d'un manuel d'histoire.

Elle avait la peau claire sans doute, en femme de qualité qui, au XIXe siècle, prenait soin de ne pas brunir au soleil comme une paysanne, mais quelle matité, quelle chair de cire ! Jamais Bourguignonne n'avait paru si latine, si évidemment corse, et par son teint autant que par son expression, tout en elle évoquait Bonaparte. Je contemplais ce médiocre tableau de commande comme si je me trouvais confronté à une toile de maître, tant ce visage retrouvé me fascinait, m'hypnotisait. Il me revenait en mémoire des portraits d'Élisa, Pauline et Caroline Bonaparte, les trois sœurs de Napoléon, et Charlotte telle que je la dévisageais enfin présentait avec ces princesses bien plus qu'un air de famille : une beauté classique, une colère rentrée, un regard d'immense dignité me subjuguaient par-delà le temps.

Y aurait-il une circonstance historique oubliée de tous ? L'indestructible Charlotte aurait-elle survécu à une grande prématurité ? L'élu bourguignon Turreau aurait-il conduit la demoiselle Cattin au col de Tende, fin 1794, pour dégager sa femme des bras de Bonaparte ? Ou bien, plus simplement, Charlotte aurait-elle abusé d'une simple ressemblance physique, jusqu'à tromper le général Delort qui avait personnellement connu l'Empereur ? « Cette fille dont la tête est exaltée, mais qui ne manque pas d'esprit », comme l'indiquait déjà le *Bulletin de police* du 19 octobre 1815, a prouvé « qu'elle ne renonçait ni aux aventures ni aux intrigues qui sont comme son élément »...

Descendance malheureuse ou géniale imposture, qu'importe en vérité ? « Pouvant avoir une dangereuse influence », Charlotte Chappuis a bel et bien affolé la police de la Restauration, parce qu'elle sut devenir, en un temps sombre et inquiet, une éblouissante figure de la liberté.

Vagabonde, prostituée, prisonnière, puis bourgeoise, mère de famille, industrielle, mais toujours princesse impériale dans son cœur et bien décidée à ne jamais déchoir, Charlotte fut à l'image de son siècle, grandiose et imprévisible. Puis l'oubli fit son œuvre, la légende se voila de brumes, jusqu'à la découverte de ces lettres, papiers, vieilleries qui retracent ses aventures et montrent que Charlotte sut se forger un destin.

« Le premier Roy fut un soldat heureux », avait-elle noté sur une feuille de brouillon, parmi quelques aphorismes exprimant sa philosophie personnelle. La fille de Napoléon savait-elle d'où lui venait cette pensée subversive, dont elle écorchait un petit peu la lettre ? Car cette maxime politique était à l'origine un vers, lancé sous le règne de Louis XV par l'entremise d'une tragédie audacieuse alors, que plus personne ne joue maintenant. Un écho des Lumières, une réminiscence du *Mérope* de Voltaire qui aurait pu être gravée comme épitaphe sur la tombe de Charlotte, à Champagnole :

> Le premier qui fut roi fut un soldat heureux ;
> Qui sert bien son pays n'a pas besoin d'aïeux.

Annexes

Descendance de Napoléon Bonaparte

Napoléon Bonaparte (1769-1821)

→ avec Antoinette Cattin dite Cotain (1761-1811), épouse Chappuis, fille publique : **Charlotte Chappuis (1795-1880), épouse Muller** ***(d'où descendance)***

→ avec Françoise-Marie-Émilie Le Roy (1784-?), épouse du financier Henri de Pellapra : **Émilie de Pellapra (1806-1871), future princesse de Chimay** ***(d'où descendance)***

→ avec Louise-Catherine-Éléonore Denuelle, dite Éléonore Denuelle de La Plaigne (1787-1868), lectrice de Caroline Bonaparte, princesse Murat : **Léon Denuelle (1806-1881), dit Charles Léon ou le comte Léon** ***(d'où descendance ; le 5e et dernier comte Léon s'est éteint en 1994)***

→ avec Marie Łączyńska épouse Walewska (1786-1817), aristocrate polonaise, épouse du comte Walewski : **Alexandre-Florian-Józef Walewski (1810-1868), futur comte Walewski, officier, ambassadeur, sénateur, ministre, député des Landes, président du Corps législatif** ***(d'où descendance)***

→ avec Marie-Louise de Habsbourg-Lorraine (1791-1847), archiduchesse d'Autriche, reine de Bohême et de Hongrie, impératrice des Français : **Napoléon-François-Charles-Joseph Bonaparte (1811-1832), dit l'Aiglon, roi de Rome, futur Napoléon II puis duc de Reichstadt** ***(unique enfant légitime, mort sans descendance, une légende le donnant toutefois père naturel de Maximilien de Habsbourg-Lorraine, futur empereur du Mexique)***

→ avec Albine de Vassal (1779?-1848), épouse du général de Montholon qui a suivi Napoléon à Sainte-Hélène : **Joséphine-Napoléone de Montholon (1818-1819), filleule de l'Empereur** ***(morte en bas âge)***

NB. La paternité des trois filles est contestée ; celle d'Émilie de Pellapra semble impossible du point de vue de la chronologie. Si Charlotte Chappuis est réellement fille de Bonaparte, elle est l'aînée de ses enfants.

Descendance de Charlotte Chappuis

Antoine Édouard Abraham MULLER (1821-1896)
& 1841 Jeanne Marguerite Sophie PINON (*ca* 1818-?)

Paul Antoine Abraham MULLER (1822-1868)
& 1849 Adrienne Félicité Claire DELORT (1824-1908)

Marie Caroline Valderey MOREL (1842-1923)
& Paul François GIROD (1835-1902)

Adolphe MOREL (1845-1847)

Adrienne MOREL (*ca* 1850-1853)

Marie Claire Pauline Gabrielle MOREL (1851-1919)
& Charles Auguste Ernest BOUVERET (1842-1899)

Marie Charlotte Joséphine Gabrielle BOUVERET (1876-1953)

Charles Louis Gustave Marie BOUVERET (1878-1948)
& 1900 Jeanne Françoise BONNARD (1879-*ca* 1964)
& 1928 Conception Émilie MOUREY (*ca* 1880-*ca* 1954)

Paul Arthur BOUVERET (1880-1898)

Juliette Marie Anaïs BOUVERET (1883-1953)
& Jean Dominique RÉGNIER (1877-1923)

Yvonne BOUVERET (1901-1985)
& Henri Célestin PLANAS (*ca* 1883-1962)

Pierre Émile Gabriel BOUVERET (1909-1945)

Paul François Ernest RÉGNIER

Gabriel Claude Marie RÉGNIER

D'où descendance

Charlotte Étiennette CHAPPUIS (1795-1880)
&
Abraham Jacob Étienne MULLER (1773-1836)

Marie-Louise Stéphanie Sophie MULLER (1823-1892)

Adrien Benjamin Abraham MULLER (1824-1900)

Joseph Jacob Abraham MULLER (1827-1828)

Jules Léopold Abraham MULLER (1830-1888)

& Éliza Girod

&
Marie Joseph Gustave MOREL (1807-1876)

Marie Caroline Juliette MOREL (*ca* 1853-1891)

& 1875
Léon BILLECARD (1845-1927)

Gustave Augustin BOUVERET (1884-1938)

Gustave BILLECARD (1871-1923)

Anthelme BILLECARD (1877-1946)

Henri BILLECARD (1884-1922)

Gabrielle BILLECARD (1890-?)

& 1911
Charlotte REMY

& Claudia ?

& Maria Claudia MARQUON

& 1875
Fernand POULET (1884-1917)

&
Georges BONNET

Françoise Marie Madeleine *Nonotte* RÉGNIER

Marie Charlotte Françoise Élisabeth *Fanchette* RÉGNIER

Paul Jean Dominique RÉGNIER

&
Louis Marie Georges LIÉBARD

&
Alban Pierre FAROUDJA

D'où descendance

Bibliographie

Sur la jeunesse de Napoléon Bonaparte

BERNARD (J.), *Statue de Napoléon Ier à Auxonne, notice historique*, X.-T. Saunié Libraire-Imprimeur-Éditeur, Auxonne, 1857.

BOIS (Maurice), *Napoléon Bonaparte, lieutenant d'artillerie à Auxonne, vie militaire et privée, souvenirs, coup d'œil rétrospectif sur Auxonne, blocus de 1814, siège de 1815, investissement par les Allemands 1870-1871*, Flammarion, Paris, 1898.

CHUQUET (Arthur), *La Jeunesse de Napoléon (t. I: Brienne; t. II: La Révolution; t. III: Toulon)*, 2e édition revue et augmentée, Armand Colin, Paris, 1898.

DEBIZE (Me Jacques, dir.), «Napoléon et la Bourgogne», *Souvenir napoléonien*, nos 319-320, septembre et novembre 1981.

MASSON (Frédéric), BIAGI (Guido), *Napoléon, Manuscrits inédits,* Période 1786-1791, Librairie Paul Ollendorff, Paris, 1907.

MASSON (Frédéric), *Napoléon dans sa jeunesse*, Librairie Paul Ollendorff, Paris, 1911.

PICHARD (Claude), *Napoléon Bonaparte à Auxonne, souvenirs recueillis par M. Pichard, maire*, X.-T. Saunié Libraire-Éditeur, Auxonne, 1847.

PISTOLET (Camille), « Napoléon Bonaparte à Auxonne. Histoire d'une supercherie », *in La Bourgogne d'or*, nouvelle série n° 60, Éditions du Cep burgonde, Chalon-sur-Saône, octobre 1931.

SAVANT (Jean), *Napoléon à Auxonne*, Nouvelles Éditions latines, Paris, 1946.

SCHUERMANS (Albert), *Itinéraire général de Napoléon Ier*, Picard, Paris, 1908.

SPERANZA (Martine), *Bonaparte à Auxonne*, imprimé à l'occasion du bicentenaire de l'arrivée de Bonaparte à l'école d'artillerie d'Auxonne, Auxonne, 1988.

Archives municipales d'Auxonne : dossiers D. 9 « Événements remarquables », M. 13 « Statue de Napoléon Ier » et S. 3 « Pièces diverses ».

Sur la descendance illégitime de Napoléon Bonaparte *(ouvrages dans lesquels Charlotte Chappuis n'est pas évoquée)*

[ANONYME], *Vie privée amoureuse secrète et authentique de Napoléon Bonaparte et des princes et princesses de sa famille faisant connaître leurs liaisons particulières et leurs intrigues galantes avec diverses personnes de tout rang et de toute renommée, à l'île de Corse, à Brienne, à St-Cloud, à Fontainebleau, à Compiègne, à la Malmaison, à Paris, à Marseille, à Valence, à Vienne, à Naples, à Madrid, à Lisbonne, à l'île d'Elbe etc, etc. Contenant un grand nombre d'anecdotes curieuses sur des familles et des personnes qui jouent encore un grand rôle dans le monde ainsi que des lettres de Napoléon et de Joséphine. Seul ouvrage impartial et complet, publié d'après des renseignements exacts et les divers mémoires du temps notamment ceux publiés par Constant ex-valet de chambre de l'Empereur*, 2 vol., Terry Éditeur, Paris, 1836.

BIBESCO (Princesse), *Une fille inconnue de Napoléon*, Flammarion, Paris, 1935.

BILLARD (Dr Max), *Un fils de Napoléon Ier d'après des documents inédits*, Édition de *La Revue*, Paris, 1911.

MARCOU (Lilly), *Napoléon & les femmes*, Éditions de La Martinière, Paris, 2008.

MASSON (Frédéric), *Napoléon et les femmes*, Librairie Borel, Paris, 1917.

PELLAPRA (Émilie de), *Une fille de Napoléon. Mémoires d'Émilie de Pellapra comtesse de Brigode princesse de Chimay*, Éditions de la Sirène, Paris, 1921.

PIGAULT (Nathalie), *Les Faux Napoléon. Histoires d'imposteurs impériaux*, CNRS Éditions, Paris, 2018.

VALYNSEELE (Joseph), *Le Sang des Bonaparte*, S. N. É., Paris, 1954.

Id., *La Descendance naturelle de Napoléon Ier*, S. N. É., Paris, 1964.

Vebret (Joseph), *Le Comte Léon, bâtard infernal de Napoléon*, Éditions du Moment, Paris, 2012.

Archives nationales, « Fonds Panthéon » : dossiers du prince Louis, colonel au régiment des lanciers de l'impératrice de Russie (f/7/15987/1), du prince Victor (f/7/15987/2) et du comte Léon, négociant en vins (f/7/15978/2).

Sur Charlotte Chappuis et son fils Adrien Muller

[Anonyme], *Bulletin de police*, 15 et 19 octobre 1815, notules reprises *in Revue critique d'histoire et de littérature*, n° 49, décembre 1916, p. 364.

[Coll.], *Champagnole d'hier et d'aujourd'hui*, Gresset Imprimeur, Champagnole, 1991.

Billy (Julien), « Une légende faisait passer Charlotte Chappuis pour la fille de Napoléon », *Le Progrès*, 21 février 2013.

Chevalier (Michel), Charpentier (Pierre), *Champagnole*, Annales littéraires de l'université de Besançon (vol. 38), Les Belles Lettres, Paris, 1960.

Decker (Michel de), *Les Plus Belles Conquêtes de l'Empereur*, Belfond, Paris, 2010.

Guillermet (F.), Prost (B.), *Champagnole et ses environs*, Imprimerie J. Declume, Lons-le-Saunier, 1880.

JOUY (Étienne), *Œuvres complètes*, t. XI : *Essais sur les mœurs*, Imprimerie de Jules Didot aîné, Paris, [1825].

LIÉBARD (Louis-Dominique et Béatrice), *La Franche-Comté et le Jura de 1645 à 1872 à travers les familles Morel, Meloz, Perrot, Girod, Billecard, Muller, Chappuis, Catin, Delort*, chez les auteurs, 2015.

OLIVIER (Jean-Marc), « Du négoce textile lyonnais aux forges de Champagnole : la famille Muller aux XVIIIe et XIXe siècles », *in Travaux 1992 de la Société d'émulation du Jura,* SEJ, Lons-le-Saunier, 1993.

RAVIGNANT (Patrick), *Napoléon pas à pas*, Pierre Horay, Paris, 1969.

ROCHE (Max), VERNUS (Michel), *Dictionnaire biographique du département du Jura*, Arts et Littérature, Lons-le-Saunier, 1996.

THIÉBAUD (Jean), *Le Centre départemental de Bellevaux à Besançon. Huit siècles d'histoire*, Besançon, 1980.

Archives départementales de la Côte-d'Or : registres d'état civil d'Arnay-le-Duc et d'Arnay-sur-Arroux ; archives familiales Bouveret-Liebard, D2/1740 1 et 2.

Archives départementales du Jura : registres d'état civil de Champagnole ; dossier M 101.

Archives de la Société d'émulation du Jura (SEJ) : 12 J 661/24 Adrien Muller (1824-1900). — Reproduction de photographie d'une collection particulière : cliché des Archives départementales du Jura, 14Fi3204 – AD39, p. 187.12

Archives de l'Assemblée nationale : recueil Barodet, Élections législatives de 1885, Jura, p. 211-214.

Description du dossier inédit

Le destin si romanesque de Charlotte Chappuis serait resté une légende locale sans la découverte d'un extraordinaire ensemble de correspondances, trouvé dans un grenier, puis mis en vente par l'intermédiaire d'un marchand de manuscrits anciens. Ce dossier, acquis par l'auteur, comprend :

- 1 lettre autographe signée de Charlotte Chappuis au général Steininger, officier autrichien dont elle demande la protection ;
- 1 lettre d'un informateur à Fouché, duc d'Otrante, septembre 1815 ;
- 2 lettres du sous-préfet de Baume-les-Dames, des 10 et 12 octobre 1815, adressées à son préfet ;
- 2 lettres du maire de Salins adressées à Charlotte Chappuis et au sous-préfet, du 14 octobre 1815 ;
- 1 copie d'époque d'une lettre de Charlotte Chappuis (*circa* octobre 1815) dans laquelle elle décrit sa situation de prisonnière ;
- 3 lettres de Charlotte Chappuis des 4 et 16 octobre et 3 novembre 1815 adressées au maire de Bracon et à son amie Fanchon Lamy ;
- 1 lettre autographe signée de F. Lamy à Charlotte Chappuis du 25 décembre 1815 ;

- 1 lettre du duc Decazes, ministre de la Police générale, du 6 décembre 1815 ;
- 1 lettre (minute) de Charlotte Chappuis de début 1816 ;
- 2 lettres autographes signées de Charlotte Chappuis des 5 avril et 25 juillet 1816 ;
- enfin, 40 copies anciennes de lettres adressées au préfet du Jura au sujet de l'affaire Charlotte Chappuis, qui permettent d'en reconstituer les détails.

Remerciements

L'auteur tient à remercier tous ceux qui lui ont apporté leur aide et lui ont ouvert leur documentation : Jean Tulard, de l'Institut ; David Chanteranne, rédacteur en chef du *Souvenir napoléonien* ; Thierry Lentz, directeur de la Fondation Napoléon ; Béatrice et Louis-Dominique Liébard ; Xavier Mauduit ; Nathalie Minart et les Archives de la Préfecture de police ; Jean-Marc Olivier ; Nathalie Pigault ; Chantal Prévot ; Jean-Emmanuel Raux, expert en autographes et manuscrits ; Martine Speranza et son blog « Auxonne Patrimoine » ; Katia Tournier et le service des Archives de la mairie d'Auxonne ; Jean-François Vaury ; Charles-Éloi Vial ; Emmanuel de Waresquiel.

Il adresse en outre ses remerciements à Jean-Baptiste Bourrat, pour sa confiance et son soutien dans l'édition de ce livre, ainsi qu'à toute l'équipe des éditions Les Arènes.

Table

Du même auteur

Les Constituants de l'Eldorado ou la république de Counani, Plein Chant (1997)

L'État c'est moi. Histoire des monarchies privées, principautés de fantaisie et autres républiques pirates, Les Éditions de Paris-Max Chaleil (1997)

Le Feu follet de la République. Philibert Besson, député, visionnaire et martyr, Éditions Guénégaud (1999)

La Chambre ardente. Aventuriers, utopistes, excentriques du Palais-Bourbon, Les Éditions de Paris-Max Chaleil (2001)

Victor Hugo président ! Les Éditions de Paris-Max Chaleil (2002)

L'Île à éclipses. Histoire des apparitions et disparitions d'une terre française en Méditerranée, Les Éditions de Paris-Max Chaleil (2003)

Jules Verne en verve, Éditions Horay (2004)

Les Quinze Mille. Députés d'hier et d'aujourd'hui, Éditions Horay (2005)

La Police des écrivains, Éditions Horay (2006)

Votez fou ! Candidats bizarres, utopistes, chimériques, mystiques, marginaux, farceurs et farfelus : de 1848 à nos jours, les élus auxquels vous avez échappé, Éditions Horay (2007)

Dans les secrets de la police. Quatre siècles d'Histoire, de crimes et de faits divers, L'Iconoclaste (2008)

La Parlotte de Marianne. 1 000 mots d'argot politique, Éditions Horay (2009)

Présentation du *Dictionnaire de la racaille,* manuscrit inédit du commissaire Adolphe Gronfier, Éditions Horay (2010)

Dans les archives inédites des services secrets. Un siècle d'Histoire et d'espionnage français (1870-1989), L'Iconoclaste (2010)

La France rouge. Un siècle d'histoire dans les archives du PCF, Les Arènes (2011)

Petit Dictionnaire des injures politiques, L'Éditeur (2011)

Le Livre des espions, L'Iconoclaste (2012)

Les Frasques de la Belle Époque, Albin Michel (2012)

La Tortue d'Eschyle et autres morts stupides de l'Histoire, Les Arènes (2012)

Le Monde selon Jaurès, Tallandier (2014)

Tour du monde des terres françaises oubliées, Éditions du Trésor (2014)

Secrets d'État. Les Grands Dossiers du ministère de l'Intérieur, L'Iconoclaste (2014)

Les Gastronomes de l'extrême. Du potage de hannetons au rôti de baleineau, les repas des grands voyageurs racontés par eux-mêmes, Éditions du Trésor (2015)

Raccourcis. Dernières paroles stupéfiantes et véridiques devant la guillotine, Éditions Prisma (2015)

Dieu au Parlement. Quand Victor Hugo, Gambetta, Clemenceau, Malraux... parlaient de laïcité, Omnibus (2015)

Le Musée secret de la police, Gründ (2015)

Justiciers, Perrin/Sonatine (2015)

Royaumes d'aventure. Ils ont fondé leur propre État, Les Arènes (2016)

Paris 1880-1910, Les Arènes (2016)

L'Art de retourner sa veste. De l'inconstance en politique, La Librairie Vuibert (2016)

Souvenirs de police. La France des faits divers et du crime racontée par des policiers, collection « Bouquins », Éditions Robert Laffont (2016)

Histoire amusée des promesses électorales, Tallandier (2017)

L'Évêque Cauchon et autres noms ridicules de l'Histoire, Les Arènes (2017)

Mata Hari. Les vies insolentes de l'agent H 21, Gallimard (2017)

Atlas des zones extraterrestres, Arthaud (2017)

L'Affreux du Panthéon, La Table ronde (2018)

Tour du monde à travers la France inconnue, Éditions du Trésor (2018)

Mai 68. L'envers du décor, Gründ (2018)

Républiquissime. Petites et grandes histoires de la vie politique, Armand Colin (2018)

Le Bureau des légendes décrypté, L'Iconoclaste (2018)

Les Guerres stupides de l'Histoire (avec Bruno Léandri), Les Arènes (2019)

L'Incendie du Bazar de la Charité, L'Archipel (2019)

Mes dossiers secrets. Crimes, faits-divers, espionnage, Flammarion (2019)

Landru. L'élégance assassine, Le Rocher (2020)

La France du temps des républiques, Armand Colin (2020)

L'EXEMPLAIRE QUE VOUS TENEZ ENTRE LES MAINS
A ÉTÉ RENDU POSSIBLE GRÂCE AU TRAVAIL DE TOUTE UNE ÉQUIPE.

COUVERTURE ET CONCEPTION GRAPHIQUE : Éric Pillault
RÉVISION : Fabrice Émont, Audrey Guillemet et Isabelle Paccalet
MISE EN PAGE : Soft Office
PHOTOGRAVURE : les Artisans du Regard
FABRICATION : Marie Baird-Smith
COMMERCIAL : Pierre Bottura
RELATIONS LIBRAIRES : Jean-Baptiste Noailhat et Damien Nassar
PRESSE ET COMMUNICATION : Isabelle Mazzaschi
avec Axelle Vergeade
LES ARÈNES DU SAVOIR : Pierre Bottura avec Marc Blactot,
Fanny Boidron, Adèle Hybre et Guillaume Lollier

RUE JACOB DIFFUSION : Élise Lacaze (direction),
Katia Berry (grand Sud-Est), François-Marie Bironneau
(Nord et Est), Charlotte Jeunesse (Paris et région
parisienne), Christelle Guilleminot (grand Sud-Ouest),
Laure Sagot (grand Ouest), Diane Maretheu (coordination),
Charlotte Knibiehly (ventes directes)
et Camille Saunier (librairies spécialisées)

DISTRIBUTION : Interforum

DROITS FRANCE ET JURIDIQUE : Geoffroy Fauchier-Magnan
DROITS ÉTRANGERS : Sophie Langlais (Books And More
Literary Agency)
ACCUEIL ET LIBRAIRIE : Laurence Zarra
ANIMATION : Sophie Quetteville
ENVOIS AUX JOURNALISTES ET LIBRAIRES : Vidal Ruiz Martinez
COMPTABILITÉ ET DROITS D'AUTEUR : Christelle Lemonnier,
Camille Breynaert et Christine Blaise
SERVICES GÉNÉRAUX : Isadora Monteiro Dos Reis

Achevé d'imprimer sur les presses de l'imprimerie Corlet
à Condé-en-Normandie (Calvados) en janvier 2021.

ISBN : 979-10-375-0277-3
Numéro d'impression : 20120173
Dépôt légal : février 2021